OUTDOOR TECHNICS

アウトドアテクニック図鑑

著　寒川 一

池田書店

便利になり過ぎた日常を飛び出して、
自然の中に飛び込もう！
そこではきっと、新しい発見があるはず。

期待《ワクワク》と緊張《ドキドキ》を胸に、
最低限の装備を携えて
自然の中へ。

自然の中では、何をするにも手間がかかる。
そのためには知識も技術も必要だ。
そして、手間をかけることを楽しもう！

火を焚こう。
燃料を集め、薪を割り、火を熾《おこ》す。
焚き火をするための過程には、
生きるために必要なことが詰まっている。

焚き火を囲んでみんなで食事をしよう。
炎の揺らぎを眺めながら話をしていると、
距離がぐっと近づく気がする。

自然の中で過ごせば過ごすほど、
不思議と何でもできるような自信が湧いてくる。
そんな経験を、たくさん積み重ねよう。

はじめに

日本のアウトドアは今とても多様化しています。キャンプスタイルを例にとってみても一人で楽しむソロキャンプ、女性同士の女子キャンプ、家族や仲間で楽しむグランピング……。そのスタイルはさまざまで自由に楽しく増えています。

しかし、より自然の世界に踏み込もうとするといろいろな規制やルールがあって、自分たちの思うような場所では自由にキャンプを楽しめません。基本的にはキャンプ場以外の場所で幕営する（テントを張る）ことは難しいですし、自由に火を熾《おこ》せる場所もなかなか見つからないのが現状です。

一方で、ＳＮＳには外国の素晴らしい自然のなかでキャンプをしている写真が毎日のように躍り、羨ましく感じます。なぜ日本はそれができないのでしょうか。

僕が訪ねたスウェーデンをはじめとする北欧諸国には〝自然享受権〟と呼ばれる権利があります。「allemansrätten（アッレマンスレット）＝みんなの権利」という意味です。国民はもちろん旅行者までもが、例え私有地であっても森の中や山の中をトレッキングしたり焚き火をしたり、一晩くらいならキャンプをしてもよい自由がある、というものです。どうですか？　同じ地球のうえでこんな夢のようなルールをもつ国があるのです。

そんなアウトドア天国の彼らのキャンプ道具はいたってシンプルです。たくさんの便利な道具を車に積み込み、引っ越しのようなキャンプをする僕らと、ザックひとつに荷物をまとめ、自然のなかを颯爽と歩く彼ら。アウトドアの楽しみ方にも大きな違いがあります。心配するほど荷物が身軽な彼らですが、実はナイフを使いこなしたり火を熾すテクニックが備わっていて、現地にあるものをうまく利用して本格的なアウトドアを楽しんでいます。

アークティックサークル（北極圏）を含む厳しい自然環境で暮らす彼らはそれらのテクニックを普段の暮らしの中で身につけ、そして受け継いできました。

生きる知恵や技術、今や便利になり過ぎたアウトドアライフに求められるのはそういったものではないでしょうか。僕自身キャンプ歴は40年ほどになりますが、さまざまなキャンプをしてきて、そして多様化する現代のキャンプを見て、今こそこうしたベーシックな技術が必要ではないかと感じるのです。

便利でカッコいい道具に囲まれたキャンプもいいけれど、ベーシック《基本的》でプリミティブ《原始的》なキャンプも魅力的です。それはキャンプシーンのみならず日常生活にも必要なものであります。本書ではそうした知恵や技術を、はじめて体験する子どもにも教えるかのようにやさしくていねいにまとめました。

寒川一

CONTENTS

CONTENTS

CONTENTS

PART 1

基本と準備

アウトドアという扉を開く前に、まずは人が自然と寄り添うための基本的な知識を頭に入れておこう。いかなるときでも誰をも受け入れてくれる懐の深い自然も、ときに険しい顔を見せることもある。正しい備えと心構えをもって自然と向き合ってほしい。

自然はみんなのものという考え方

北欧の「自然享受権」に学ぶ

公園やキャンプ場で、ルールや禁止事項を確認していると、窮屈さを感じるときがある。自然を満喫するために必要なこととはなんだろう。

北欧に古くからある慣習法に「自然享受権」というものがある。これは、すべての人に対して自然環境の享受を認めるもので、たとえば「通行権」「滞在権」「自然環境利用権」「果実採取権」などが含まれる。私有地か国有地かにかかわらずトレッキングしてもいいし、テントを張って宿泊してもいいし、カヌー遊びや魚釣りをしてもよく、野生の果実やキノコを採取していいという。これが、自国民以外の旅行者にも認められているのだ。自然を満喫するのに、これほど自由な権利が認められていることはあまり知られていない。

一方、日本はどうだろう。自然で何かをしてもいい権利よりも、むしろ禁止事項が並ぶ。公園ではボール遊びが禁止されていたり、キャンプ場でも、直火での焚き火が禁止だったりする。

もちろん、北欧がただ自由なわけではない。権利をもつということは、責任が伴う。自然や野生の動植物を守ること、土地の所有者やほかの人々への配慮を忘れないこと、こうした当たり前のことを前提とした権利なのだ。日本に禁止事項が多い理由は、この前提が崩れているからと考えると、寂しい気持ちになる。

自然享受権（allemansrätten《アッレマンスレット》）

みんなの権利はすべての人が自然の中に自由に立ち入り活動ができる権利です。森や山の中を歩いたり、カヤックを漕いだり、自転車に乗ったり、岩の上で考えごとをしたり……。山菜やきのこや果実なども地面から採取してかまいません。そして1泊程度ならどこでキャンプをしても焚き火をしてもよいのです。たとえそれが私有地であってもです。ただ、そうするためには自分で責任をもつこと、植物や動物の邪魔をせず傷つけないこと、土地所有者や屋外にいるほかの人々に敬意と配慮を示してください。また、居住者は邪魔をされない権利をもっています。これは誰もが自由に自然を楽しめるように、みんなで守る権利です。

通行権、滞在権、自然環境利用権などを国民や旅行者に保障するもので、スウェーデンをはじめノルウェーやデンマークなど北欧諸国に古くからある慣習法。

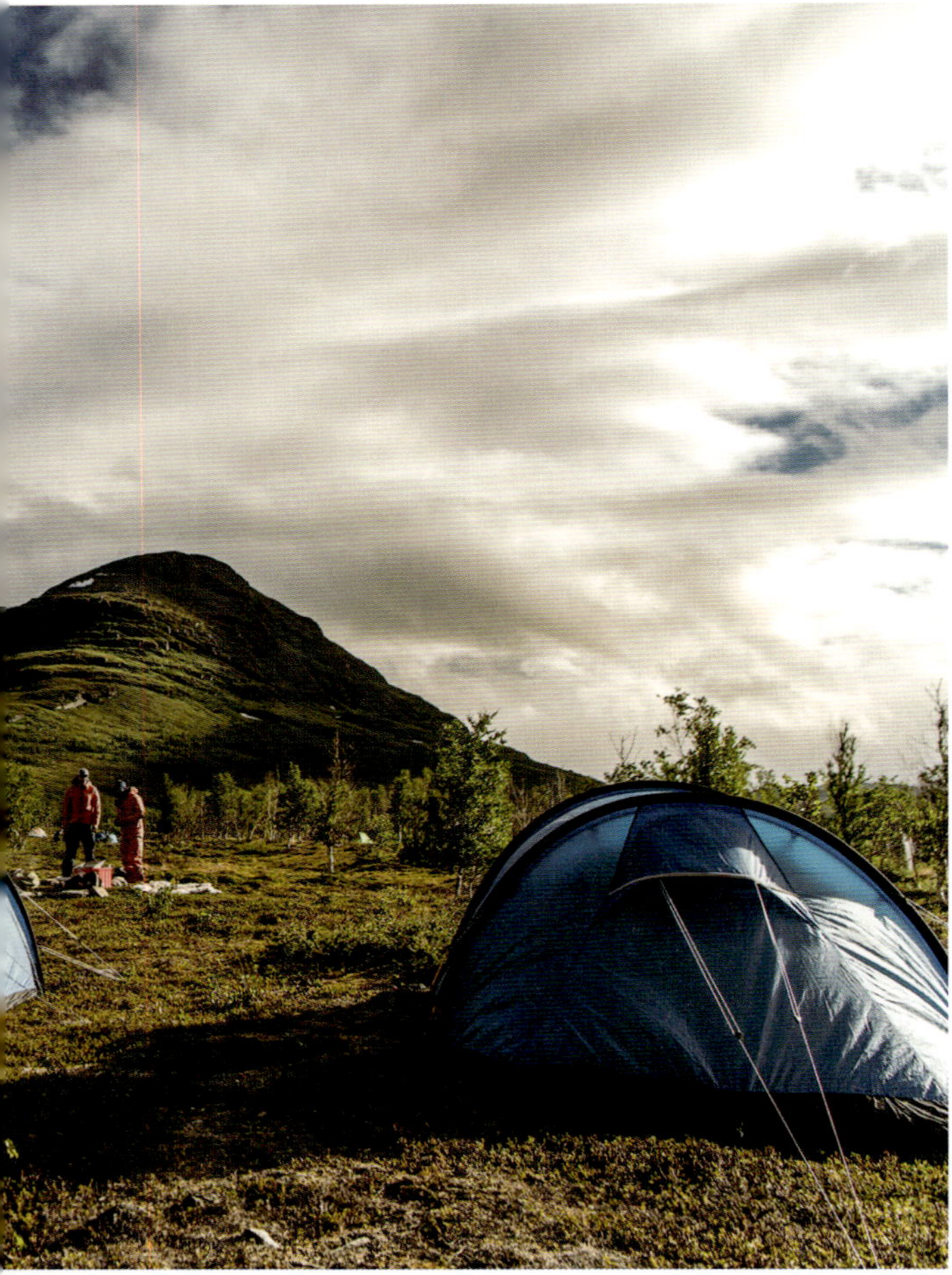

もっと自由にアウトドアを楽しみたい

サスティナブルであるために

自然を満喫するアウトドアレジャー。楽しみ方はさまざまで、多くの人が自然に足を踏み入れる機会が増えた。一方で、気をつけたいこととは。

「サスティナブル」とは、「維持する」とか「持ちこたえられる」などを意味する。近年では、地球環境を保全しつつ、持続可能な社会・産業・開発などを指して、「サスティナブルな社会」などと使われている言葉だ。これをアウトドアレジャーにあてはめて考えてみよう。

　多くの人が登山やキャンプなどで自然を楽しめるようになった一方で、ルールを守らない人やマナーの悪い人によって、楽しめることに制限が設けられてもいる。いつも行くキャンプ場にも、行く度に何か一つルールが増えているような気がするくらいだ。

誰かの行為によって迷惑する人がいれば、それだけ禁止事項が増えていくのが現状。このままでは登山やキャンプなど、豊かな自然を楽しむ遊びを、次世代の子どもたちに残せなくなってしまうのではないかと不安にもなる。

自然を楽しむ最高の遊びを次世代に残していくためには、自然そのものを保全しつつ、自然を共有するお互いが気持ちよく過ごせるように配慮できなければいけない。そうでなければ、アウトドアレジャーはサスティナブルではなく、窮屈なものになってしまうだろう。自分たちが楽しみつつも、未来への配慮をもとう。消費から継続へ。僕らは今その分岐点にいることを忘れてはならない。

自然を楽しむために維持するべき必要なこと

ゴミを放置しない

ゴミを残していかないのも当然のマナー。トイレのない場所でもよおした場合でも、自然に残していいものと悪いものがある。自分で出したゴミでなくても、落ちているゴミを拾って適切な場所に捨てる心の余裕をもちたい。

野外でのトイレのお作法 ▶p052

焚き火のマナー

焚き火後に燃えきらずに残った炭は自然に還るものではないため、キャンプ場などでは直火での焚き火が禁止される傾向にある。焚き火を楽しんだら、事後の始末までを徹底できるようにしたい。

焚き火の後始末 ▶p076

客観的な視点をもつ

自分のしている行為が、人の目にどう映るのか、鳥やドローンのように客観的に見ることが大切だ。神経質になりすぎて楽しめなくなっては意味がないが、みんなで自然を共有するためには、誰かを嫌な気持ちにさせてはならない。

不便を楽しむのがアウトドア！

子どもに伝えたい「手間のかけ方」

自然を楽しむ心構えとともに、欠かせないのは野外生活するためのスキル。自然の中は不便さもあるが、まさに生活スキルを養う場所でもあるのだ。

手間とはなんだろう。

僕らは手間を省く、手間をかけないという価値にこれまでずいぶんと囚われてきた。確かにそれによって世の中は便利になった。手間とは手と手の間、手と時間ともとれる。手をかけず、時間をかけずに得たものはなんだろうか。そして失ったものってなんだろうか。

今、アウトドアの世界も例外ではない。手間を省き、時間を短縮するような便利なもので溢れている。でももしそれがなくなったら……。

本書は手間のかけ方の指南書でもある。最小限の道具を使って、切ったり熾し

子どもと一緒に取り組む アウトドアの基本技能

切る

焚き火をしやすいサイズに薪割りをするとき、調理をするとき、キャンプではナイフを使ってなにかを切る場面が多い。より実践的なシーンで、子どもたちに刃物の重要性と危険性を伝えたい。簡単なウッドクラフトにも挑戦してみよう。

刃物を使いこなす ▶p109
ウッドクラフト ▶p129

火を熾《おこ》す

キャンプでは焚き火は欠かせない。暖をとるにも、調理をするにも、火を熾さなければはじまらないのだ。ライターやガスなど、火器のアウトドア用品も豊富にあるが、普段使わないマッチなどを使って、火を熾すところから手間を楽しみたい。

焚き火をしよう ▶p055

結ぶ

野外で一晩過ごす場合、できる限り生活空間を豊かにしたいもの。キャンプでの生活空間といえばテントやタープ。これらを設営するにもロープワークを心得ていると、その設営環境に合わせた快適な空間をつくり出すことができる。

ロープワーク ▶p141

たり結んだりして自分の手から生み出す技術（テクニック）のことだ。昔は誰もが普通にもっていた技能であることを、もはや今の子どもたちは知らない。そしてこの技術は絶やしてはならないことだ。

一念発起、なにかに手間をかけよう。子どもと一緒に手間をかけてつくり出したものは、できはどうあれ何にも換えられない尊いものになるだろう。そこには自分たちだけの時間が織り込まれているからだ。

手間を省くことに囚われるのではなく、うまく利用してつき合おう。この手からなるものの豊かさを今の時代の便利さに加えてみれば、きっと素晴らしいアウトドアライフが送れると思うのだ。

四季を通してアウトドアへ

春夏秋冬を知って自然を楽しむ

春には春の、夏には夏の、秋には秋の、そして、冬には冬の魅力がある。アウトドアとは四季に飛び込んで、全身で丸ごと味わうということでもあるのだ。

四季、それは自然とたわむれる醍醐味そのものだ。日本は四季の変化が豊かな国であり、夏は暑く、冬は寒い。標高の落差は大きく、天候が不安定な季節も多い。しかし、これほどのバリエーションに恵まれたのだから、それぞれの対策をしっかり整えて、どんどん飛び込んでいこう。春は穏やかな気候と、たくさんの草花。そして森林内の歩きやすさがポイント。夏は水場でのアクティビティが最大の魅力だろう。秋はやはり紅葉。涼しい気候と長い夜を楽しもう。焚き火にはいい季節だ。冬は寒さそのものがレジャーになる。

春

全国どこでも百花繚乱

日本の春は野も山も花で覆いつくされる。桜だけでなく、幾多の種類の花々が、いたるところに咲き乱れているのである。

ぬかるみ、増水

春先は雪解け時季であるため、地形によってはぬかるんで足元がゆるいところもある。雪が残っている場所では雪崩や増水の危険も。

夏

大自然を満喫

もっともアウトドアらしい季節。草木茂る夏。大自然らしさを満喫できる夏休み。食べてよし、遊んでよし。王道のアウトドアライフを骨の髄までしゃぶりつくして、冒険の思い出を増やしていこう。

日差しが最大の敵

やはり日中の気温の上昇が最大の危機。生命の危機にも直結する、熱中症対策は万全を期したいところ。虫も多い。夕立や水難の多い時季でもある。後半は台風や落雷などの危険な天候もある。

秋

美しい紅葉を楽しむ

なんといっても秋は紅葉。日本の四季の代名詞といっても過言ではない。標高や緯度で紅葉のピークが異なる。紅葉を追って目的地を変えてもいいだろう。少し遅れて始まる唐松林の紅葉もオススメだ。

台風・雷・荒れる天候

台風をはじめ、長雨もある不安定な季節。雨量が多くなるので、土砂災害にも注意したい。また、高山地帯では北風の影響で、急な冷え込みもあるので油断大敵。装備は大げさなぐらいでもいい。

冬

冬はアウトドアの醍醐味

雪遊びや、スノーシューなど雪山ならではの楽しみは多い。静かな雪山で、とびきりの静けさを愉しむのも、冬キャンプの醍醐味だろう。また、冬場は虫が全くおらず、過ごしやすい。

寒さ対策は万全の体制で

とにかく寒さ対策が全てだ。吹雪など急な天候の変化にも注意。凍結、表層雪崩など寒いことが原因の危機はたくさんある。低体温症になったらどうするのがいいのか、など事前に調べておくこと。

体温保持と服装と機能

重ね着で体温を保持する

アウトドアでのファッションは機能性第一。とくに、寒い中でも活動的に動くには、機能的なレイヤード（重ね着）が重要になる。

見た目のファッションだけでよい街なかとは違い、アウトドアでは機能性こそが正義だ。

一番身体に近いところから、下着などのベースレイヤー、中間層のミッドレイヤー、外気を遮断するアウターレイヤーで、これらを上手く重ねて着るのが基本となる。これで身体から発散する湿気を逃し、温度は逃さず、外気は遮断する。

これはちょうどよい温度を保って、長時間活動をするための工夫であり、つまりダウンジャケットは一番外には着ない。その外側にウインドシェルを着るのがベストなレイヤーなのだ。

標高900m、11月の湖畔。明け方には氷点下近くになる。ベースレイヤーにウールシャツ。アウターはウインドシェル。中間のミッドレイヤーにフリースを着込む。

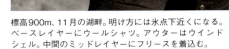

●ベースレイヤー

一番下に着るもの。アンダーレイヤーともいう。身体に最も近い層。重要なのは素材のチョイスである。綿か化学繊維かの選択がメインだが、最近はウール素材のものが注目されている。また化繊では吸湿発熱繊維のものも増えている。基本的には半袖でいいが、薄着で野山に出る場合は長袖・タイツなどを着用し、肌を守ること。

●ミッドレイヤー

中間に着るもの。主に秋冬の保温用のレイヤーになる。ここに上手く空気の層をつくれるかどうかが、重ね着テクニックの肝になる。古くはウールのセーターなども選択肢にあったが、今はフリースが吸湿性、速乾性、保温性の高さなど多くの面で評価が高い。首元まで閉まるものを選ぼう。ダウンジャケットもミッドレイヤーとして用いる。

●アウターレイヤー

外側に着るもの。雨風を防ぎミッドレイヤーの空気層を守る役目を担う。普段はウインドシェルやマウンテンパーカーなどが主なアウターになる。雨天時であれば防水性・透湿性の高いレインウェアを着る。遭難時の視認性を高めるためにも、できれば目立つ色を選ぶといいだろう。赤または黄色がいいが、青系も自然の中ではよく目立つ。

●その他

乾きにくいジーンズよりは、化繊などのトレッキングパンツと呼ばれるもののほうがアウトドアには便利。寒いときはアウターにウインドシェルやオーバーパンツを重ねる。手首や首から暖気が抜けないように、ネックウォーマーや手袋を着用するとレイヤー効果が高まる。帽子も必須。靴下も化繊素材であれば濡れても乾きやすい。

●ウールシャツ

ウール100%の肌着。着心地がよく、薄くても保温力に優れる。温度調節のしやすさが魅力。

●化繊シャツ

速乾性と吸湿性のバランスがよく、アウトドアには向く。ウォーターアクティビティには必須。

●フリース

ミッドレイヤーに理想的なのがフリースジャケット。前が開くタイプが使いやすい。安価なのも◯。

●ダウンジャケット

街なかではアウターとして着るが、機能を考えるとミッドレイヤーになる。非常に優秀な空気層。

●ウインドシェル

防風用のアウターレイヤー。春と秋に着用するなら、風を通さない薄手の軽いものがよい。

●レインウェア

雨天用。防水性の高いものになるが、内側の湿気を放出してくれる素材のものを選びたい。

●靴下・手袋

靴下は厚めのもの一足履きが主流。ウールがオススメ。手袋はワークグラブを。寒い時期は起毛タイプで。

●帽子・ネックウォーマー

暖気は上へ上がる性質があり、首もとや頭部から抜ける熱は多い。頭部を制すものは保温を制す。

水源を確保する

人は水なしでは生きられない

水は、人が生きるために最も必要なものの一つだ。自然の中で暮らすのなら、まず水源を確保しよう。川が理想だが、それ以外にも水は手に入れられる。

人は一日に約2ℓの飲用水が必要とされている。これを持ち運ぶのは大変な労力であり、現地調達を考えるべきだ。食料がないことよりも、水がないことのほうがよほど深刻なので、まずは水源を確保しよう。

飲用に適しているのは、流水。河川や滝など水の流れの強いもののほうが、常に新鮮な水を手に入れられる。事前にキャンプ地や目的地の周辺の地形を調べておき、水源候補を見繕っておこう。水たまりや周辺に温泉地のあるところの水は飲用にはならない可能性が高い。雨水を集めたり雪を溶かして飲むほうがよい。

人は水なしでは生きられない。滔々《とうとう》と流れる川の水は、大自然の恩恵を強く感じられるもの。水源はアウトドアライフの最重要ライフラインだ。

地図で探す

源泉などから湧き出る湧水は人里離れたような場所であれば、たいてい飲むことができる。できれば沸騰させるか、ろ過できると雑菌を始末できるので安心して飲める(→p.26参照)。

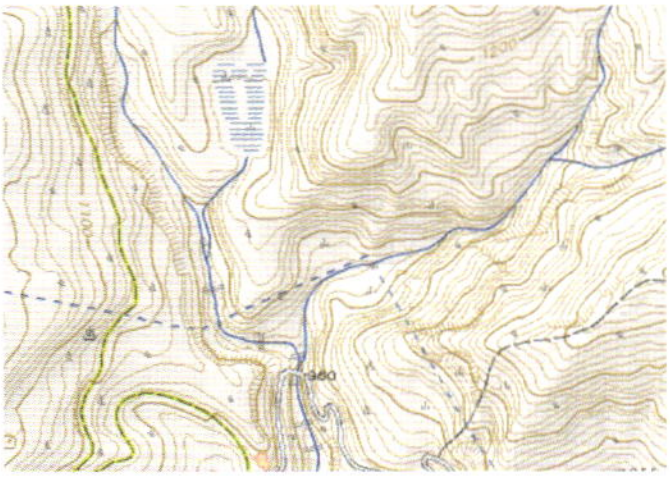

地図ですぐにわかる水源といえば、やはり河川。源流のあたりも地形図から読み取って、水源を予測できる。ほかには、大きな湖沼も水源として確保できる。流れの勢いがよい水源を押さえよう。

これは飲めない

キャンプ場や温泉地の下流などは汚染されている可能性があるため避ける。地層によっては鉱物などが溶け込んでいる場合も。周辺に虫の死骸が多い、変色しているなどの異常がある場合はNG。

とにかく静水は飲まない。あまり水の出入りの多くない池や沼、湿地はなるべく避ける。水たまりのようなものは基本的に飲用には適さない。どうしてもほかにない場合はろ過や煮沸を。

雨水・雪を使う

降雪地であれば、積もった新雪を溶かして飲料水に。できれば一度沸騰させる。そのあとは凍らないようにクーラーボックスに入れるか、凍ってもそのまま溶かせるようにクッカーに入れる。

雨水も新鮮であれば飲用になる。雨さえ降れば、タープやエマージェンシーシートなどを広げ、流れる筋道をつけてバケツなどにたくさんの水を集めるということもできなくはない。

※国土地理院の電子地形図25000を掲載

浄水器に慣れておく

飲める水を確保しよう

人間が生きていく上で欠かせないものが水。フィールドでは、まず最初に水を確保しなければならない。しかも、安全に飲める水が必要とされるのだ。

飲める水を手に入れることは容易ではない。目の前に水源が広がっていたとしても、その水が安全に飲めるとは限らないのだ。

　自然界の中には、さまざまな微生物や有毒な成分が存在する。見た目がきれいでも、有害物質が水に含まれているかもしれない。

　蒸留などによって、飲料水を確保する方法はさまざまあるが、手軽に利用できるといえば浄水器だろう。

　特別なフィルターを利用して水を浄化する浄水器にも、さまざまなタイプがある。水源に適したタイプを選んで、確実に飲用水を手に入れよう。

水は生命維持に欠かせない

人間が極限状態に陥ると、水の存在が重要になってくる。体の機能を保ち、活力を呼び起こし、そして、やすらぎを与えるなど、さまざまな役割がある。

浄水器の種類

ボトルタイプ

携行用のボトルに浄水機能がついたタイプで、ろ過装置が内蔵されている。水源で水を入れてプレスすれば水がろ過され、飲用水を確保できる。扱いやすく、利用するときに一定の水量を確保できるのがポイント。

フィルタータイプ

細い管のようなフィルターに水を通して汚れなどを除去する。コンパクトなものから、大型のものまである。高い浄水能力と速効性があり、ポンプ式や手で押し出すタイプ、吊り下げて利用するタイプなど種類も豊富。

使用シーンと使い方

フィルタータイプはチューブの途中に接続することで、点滴のような形で、高低差を使った水の浄化が可能。時間はかかるが大人数の水を確保しなければいけない場合など、この方法が有効。

ボトルに水を入れて浄水の準備。たまり水よりも流水が望ましいが、ない場合は、目視でなるべくきれいな場所を選んで水を確保する。浄水器によって処理できる水量の目安が決まっているので注意が必要。

ボトルに水を入れたら、ボトルの水を押すようにろ過装置を押し込む。水をこぼさないようにゆっくりと押し込むこと。押し込む圧力によって浄水するため、短時間で飲み水を確保できる。

POINT

浄水器で除去できる成分は製品によって違うので、事前にどのような有害成分を除去できるか、仕様を確認しておこう。泥などの粒の大きな汚れであれば、ほぼすべての浄水器で除去できるが、水に溶け込んだ有害物質を取り除くには、フィルターの高い性能が要求される。

地図を読む

覚えておきたい地図読みの知識

アウトドアにおける命綱である地図。見える地形とコンパスの情報から、現在位置と目的地の位置関係を教えてくれる。読み方・使い方をマスターしよう。

地図はアウトドアにおいて、ガイドブックであり、命綱でもある。コンパスと見える地形から、現在地がどこか、どこに向かうべきか教えてくれる。

地形図は国土地理院の2万5千分の1の地図を使用するのが基本だ。ほかに5万分の1の登山地図もあれば登山道や危険箇所などの情報も載っている。

事前に山や尾根など、目印になる目立った地形はないか確認しておこう。

キャンプ地を決めたら、まずはコンパスを使って、地図上で現在地を確認しよう。ここがこれから始まる冒険の起点になるからだ。

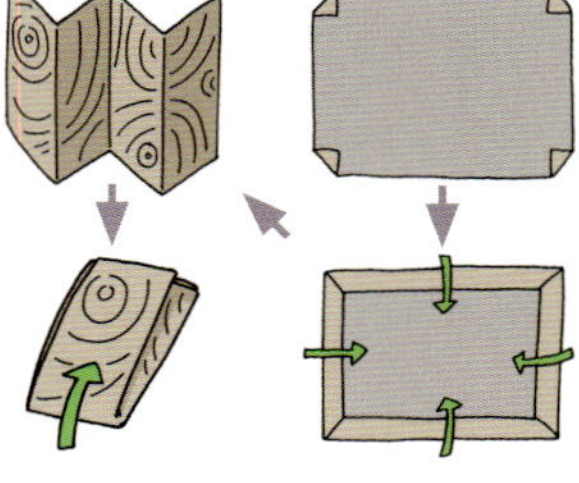

四隅を折り、さらに四方の余白を折り込む。縦に4つ折りしてから、横に2つ折りにしておけば、ちょうどいいサイズにできる。ポケットに合わせてサイズを調整しておこう。

等高線を読む

同じ標高の地点を結んだ線を等高線といい、2万5千分の1地形図では10mごとに引かれていて、50mごとに太い線になっている。密度が高いほど急斜面で、粗いところは平らに近い。山頂を示す三角点から、等高線のどちらが高いかわかれば、尾根と沢の位置と形状も見えてくる。また地図記号からは、樹木の種類などもわかるので、現在位置を把握するヒントになるだろう。

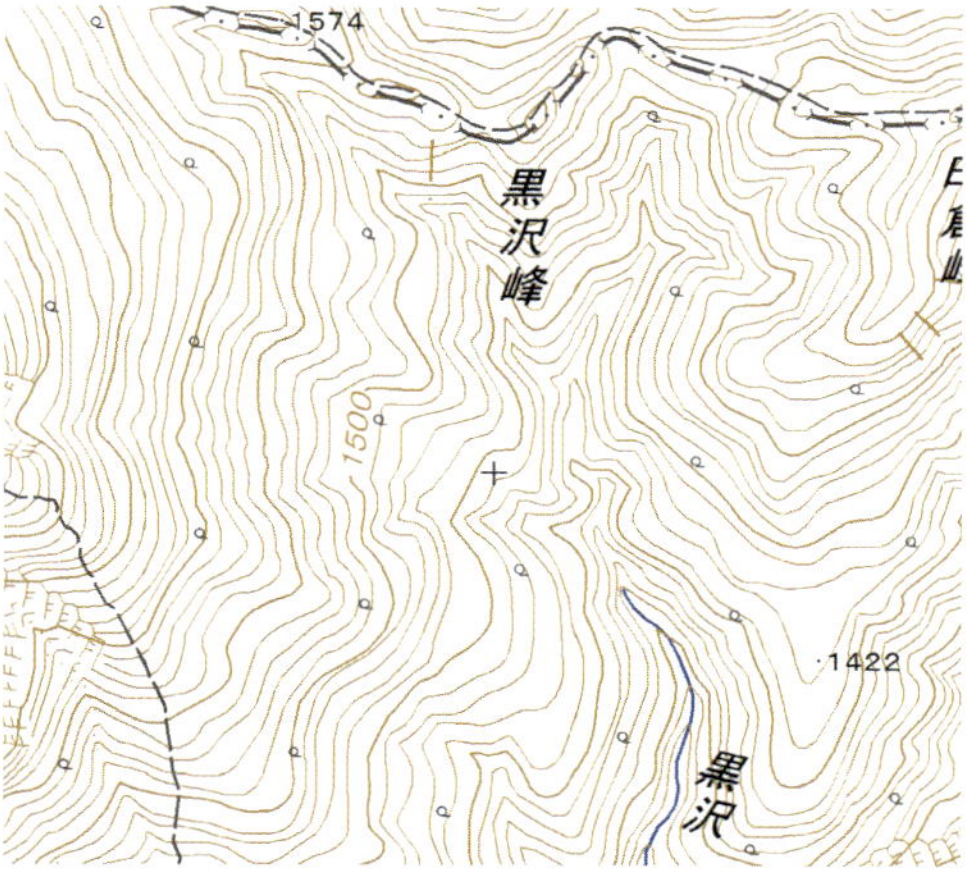

コンパスの使い方

地図の真北とコンパスの示す北は少しだけズレがある。これを「磁気偏角」という。あらかじめ地図に磁気偏角を傾けた線を書き入れておけば、あとはコンパスを置くだけで正しい方向が示される。

コンパスはベースプレート・コンパスがオススメ。透明なプレートの上にコンパスがついているタイプで、長距離を直進したいときには、地図上でルートを定めやすい。

便利なGPS

スマホもGPS内蔵で「ジオグラフィカ」などのアプリを使えば、登山用GPSにもなる。ただし、スマホのバッテリーは非常時のために温存しておきたい。併せて充電手段も確保しておこう。

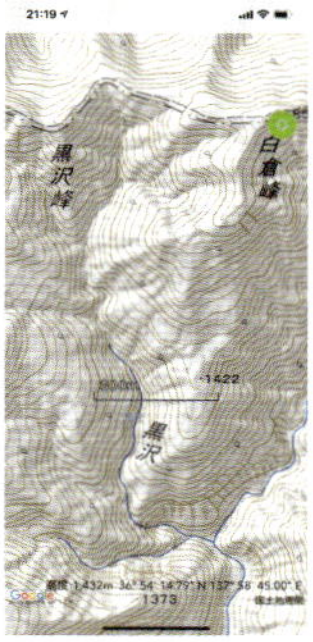

写真提供：Alexander Ishchenko/123RF

複数の人工衛星からの電波を受信して正確な現在位置を示してくれるGPS専用機は、スマホに比べて精度が高く、バッテリーの持続時間も長い。霧で周囲が見えないときでも使用できるのが強み。

※国土地理院の電子地形図25000を掲載

道具を持つ理由

必要な道具を知る

アウトドアで暮らすためには道具が必要だ。住まいをつくるもの、食事をつくるもの、道具をつくるもの。また、サバイバルのための道具も揃えておきたい。

アウトドアで暮らすために何が必要か。

まず、キャンプ地に着いて最初にするのは住まいづくり。テントやタープ、それを設営するためのロープやペグが必要になる。日が暮れればランタンが、眠るときは寝袋やマットがいるだろう。調理のためのストーブやクッカー、食べるときは皿やカップ、カトラリーなども欠かせない。必要なものが足りなければ、ナイフやアックス（斧）で自作することもある。緊急時のために救命キットなども重要だ。これら道具が揃ってはじめて、野外で豊かに過ごすことができるのだ。

ナイフの扱いに慣れてくれば、ナイフ1本でなんでもつくり出すことができるようになる。楽しみながら、便利な生活を手に入れる。人類の進化をシミュレートしよう。

食べる道具

体力勝負のアウトドアでは、食は最大の楽しみ。そのためにまずストーブやバーナー、焚き火などの熱源が必要になる。そしてクッカー、食器とカトラリー。コーヒーメーカーなども食生活の充足に大切な要素。飲用水もしっかり確保して、明日の生活を支えたい。

住まいの道具

過酷な自然から快適な生活を守ってくれるもの。それはテントであり、タープなどの住まいの道具。設営に必要なロープやペグ、床になるマットなども重要なアイテムだ。夜はランタンで周囲を照らす。快適な生活で体力を温存し、アウトドアライフを充実させよう。

生きる道具

いざとなったら、現実に生命を守る重要なサバイバルアイテムもある。救急キットには、無事に自宅まで帰れるだけの医薬品を常備しておきたい。地図やコンパス、GPS、スマホなど情報を得られる道具も必要なものだ。浄水器、着火器具なども生きるために必要である。

つくる道具

ないものはつくる。これもまたアウトドアライフの楽しみの一つだろう。使い慣れたナイフが１本あれば、拾った木片がたちまちできたてのカトラリーセットになる。ナタやアックス、ノコギリなども、大自然の中から便利な生活を生み出してくれる必須アイテムなのだ。

基本アイテム

必須の7つ道具

道具は多ければ多いほど便利ではあるが、持ち運びを考えるとできるだけ厳選しておきたいところ。ここでは、これだけあればいいというものを7種類選んだ。（食料や救急キット、地図、スマホなど常備品は168ページ参照）

まず、多目的に使えるのがナイフ。それでいくつかの道具を持っていかなくてもよくなる。ロープとタープがあれば雨露をしのげる生活空間が確保でき、マットもあれば相当に快適なはずだ。そして、ストーブとクッカーで調理ができる。ヘッドライトがあれば夜も安心だ。

ナイフ

薪の加工から、ロープのカット、ペグづくり、食器づくりなど多目的に大活躍してくれる。刃渡り10～15cm程度。

ロープ

テントの設営からタープ張り、ランタンを吊るすなどなにかと役立つロープ類。パラシュートコードというタイプを8mで2本持っていき、片方はそのまま、もう片方を切って使うとよい。

タープ

実はテントよりも応用が利くのがタープ。屋根にしてもいいし、風よけにもいい。地面に敷いたりくるまったりできる。必要に応じて、さまざまな役目を果たしてくれるのがタープなのだ。滞在期間や移動手段に応じて素材をチョイス。

ナイフ、ロープ、タープ、ストーブ、クッカー、マット、ボトル。7つの道具があれば森で過ごせる。お気に入りのセットを自分なりに考えてみよう。

ストーブ

調理の熱源は焚き火でいいが、移動しながらさっと食事をしたい場合はストーブ（バーナー）があれば準備も後片づけも簡単で便利だ。枯れ葉や枝などを燃料にできるネイチャーストーブがオススメ。

クッカー

なんでも焚き火で丸焼きというならともかく、煮炊きをするならクッカー（ナベ類）は必要だろう。水の煮沸にも使える。2、3人程度なら3合が炊けるナベと1ℓちょっとの鍋、フライパンにもなるフタのセットぐらいがちょうどいい。

マット

寝袋かマットかで選ぶならマットを持っていきたい。地面の硬さや凹凸、冷気、湿気は快眠の大敵だからだ。マットは空気で膨らませるタイプと、ウレタンタイプがあるが、ハイブリッドタイプもあり、移動方法や荷物の総量で選ぼう。

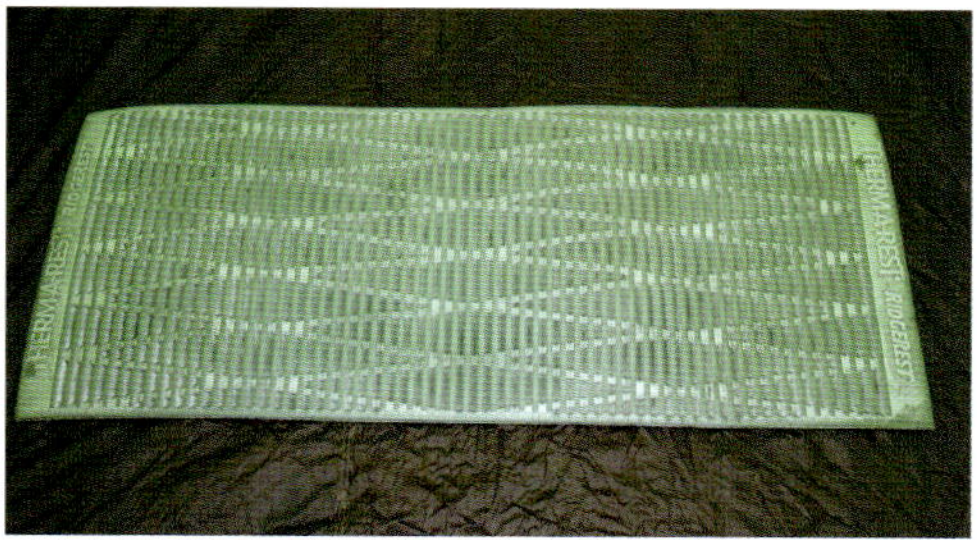

ヘッドライト

夜間の作業の必須アイテム。ヘッドライトは両手が使えるのが最大のメリット。夜の長い秋から冬場のキャンプには欠かせない。明るく電池寿命も長いLEDタイプがよい。

パッキングテクニック

パッキングは経験値

限られたバックパックの容量に、必要なアイテムを詰め込んでいく。やみくもに押し込んでも、はみ出るだけだ。効率よく、扱いやすく、上手に収めよう。

いくら必要な道具を取り揃えても、キャンプ地に持ち込めなければ意味がない。効率よく、そして歩きやすく。出し入れもしやすく。軽いものを下に、重いものを上に、スタッフバッグで小分けにするなど、いくつかのセオリーはある。だが、人によって装備の量やタイプは異なるので、何度も出し入れと持ち運びを繰り返して経験を重ねていくうちに、成功と失敗を知り、自分なりのパッキングスタイルを確立していくことになる。パッキングの上手さはアウトドアの経験値に比例して伸びていくのだ。

パッキング例。マットや寝袋、アルミ製のクッカーなどが下のほうに。燃料、食料など密度が高く重いものを上に。どこに何を収めるかは経験で進歩していくだろう。

COLUMN
バックパックの活用

緊急時の防寒着に

バックパックはただ荷物を入れる道具なだけではなく、防寒着としても役立つ。緊急時には足を入れて暖をとったりと、プラスアルファの防寒アイテムとしても活用できる。

遭難して野宿する場合 ▸p177

レインカバーを目立つ色にする

バックパックのデザインは好みで選びたいが、雨対策のレインカバーは目立つ色を選ぼう。遭難したときなど遠くからの視認性もよく発見されやすい。迷子になりかねない子ども用にはぜひ。

バックパックの外側を活用

水筒やボトルなどはバックパック外側のポケットなどに収めて、休憩時にすぐ取り出せるようにしておく。外側にぶら下げるのは、バランスを崩しやすくあちこち引っかかるのでNG。

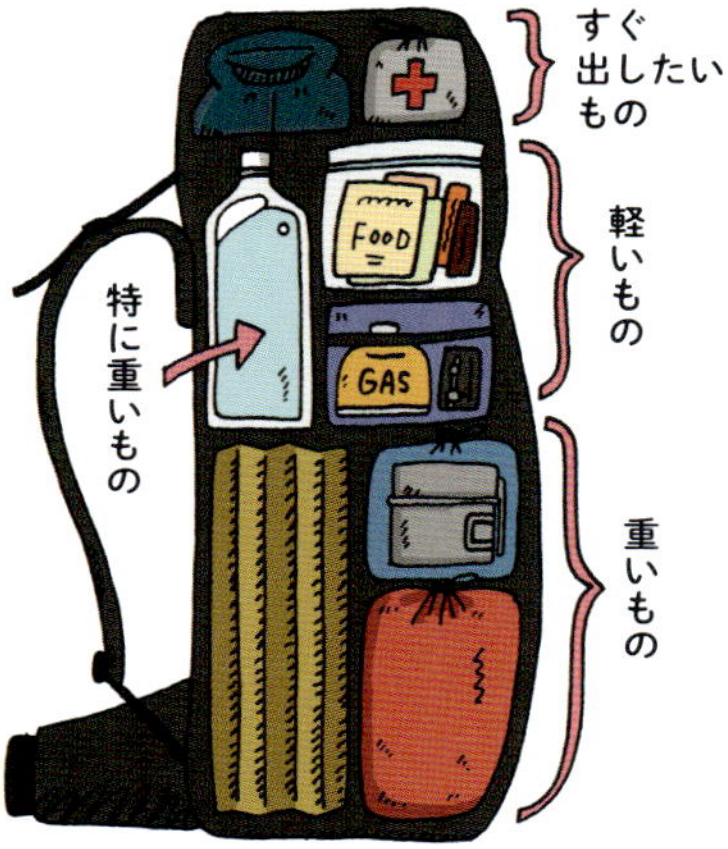

重いものは高い位置＆背中側へ

基本は、軽いものから下側に収め、重いものほど上側に配置する。さらに背中側に重量物を置くようにするが、硬いものは避けよう。雨具や救急キットなどすぐに出したいものは上側に。

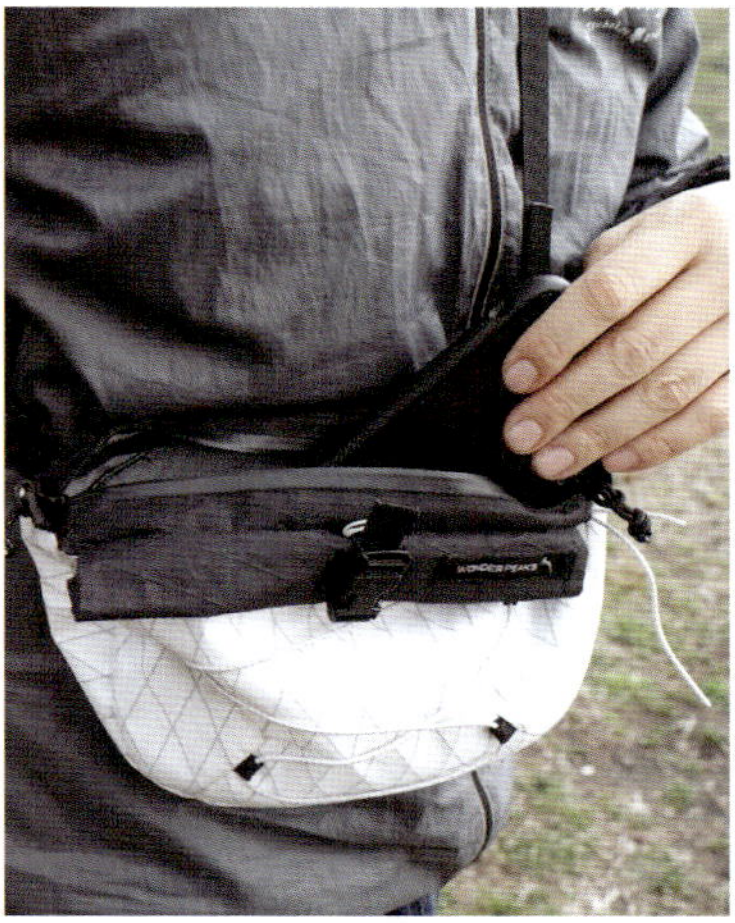

サコッシュに入れるもの

サコッシュやウェストポーチなど小型のバッグに「必要になったらすぐ使うもの」を入れておく。ナイフ、火熾し道具、救急キット、地図とコンパス、スマホ、貴重品、携行食など。

衣類を圧縮する

スタッフバッグでかさばる衣類をまとめて圧縮すると、容量が節約できる。水辺に行く場合、濡らしたくないものはドライバッグも使う。衣類用の保存用ビニール袋も簡易的に使える。

北欧に学ぶ COLUMN 1 アウトドアの智恵

お菓子のパッケージの話

ノルウェーのハイキングに定番のおやつとして、チョコレート菓子がある。そのパッケージ裏には、ノルウェー政府からのメッセージが入っている。

山の常識

①ハイキングに行く前に誰かに告げる
②事前に天候などが悪ければ計画を変更または中止する
③道中の標識と天候の変化に注意せよ
④短い距離のハイキングであっても準備は怠るな
⑤必要と思われる道具を携えよ
⑥危険な場所には近づかない、またその場所を知っておくこと
⑦地図とコンパスを持って自分の位置を常に知っておくこと
⑧引き返すことは恥ずかしいことではない
⑨体力を温存しなさい
⑩できるならシェルターをつくりなさい
⑪安全でよい旅を！

常識的なことを書き並べているが、その常識が非常時には失われてパニックに陥りやすいものだ。もし自分が山の中で迷いこのメッセージを読んだら相当冷静になり励まされると思う。日本でもスナック菓子やドリンクのパッケージに災害時の心得があってもよさそうなもの。民度やアウトドア文化の成熟度の違いを見せつけられた気がする。

英語的にはクイックランチと呼ばれるこのお菓子は国民的に愛されているもので、スーパーや駅の売店などどこでも手に入る。

PART 2

住空間の工夫

野外に生活拠点を設《しつら》える。古来、人間はそうやって暮らしてきた。寒くなれば暖かいところへ、暑くなれば涼しいところへ、僕たちもテントというセカンドハウスを持ってどこへでも行ける。ここでは最低限、安心・安全に野外での寝泊まりするためのヒントを紹介しよう。

野外での生活拠点

住空間をつくる

野外で一晩を過ごすことや、その拠点を野営またはキャンプと呼ぶ。どうすれば快適に過ごせるか、正解は自分次第。答えを探してみよう。

野外で活動していると、普段よりも体力を消耗するものだ。翌日の行動に備えて着実に体力を回復させるため、キャンプでは快適な睡眠環境をつくり出す必要がある。また、疲労があるからこそ、テントなどの宿泊のための道具を展開、設営するのは手短に済ませたい。簡易に設営できるものは、それに応じて快適さに欠けることもある。重要なのは、自分が求める快適さを理解し装備を選び抜くこと。手早く済ませられることが優先なのか、とことん快適さを追求したいのか。野営を繰り返すことで自分なりの答えが見えてくるはずだ。

野営手段の種類

自立式テント

ポールを組み立てることで室内に空間ができるタイプ。最も一般的で快適性も高い。自立することで、設営後に場所を動かせるのもポイント。その他の手段よりも荒天時での安心度が高く、これが正解といっても過言ではない。

ハンモック＆タープ

ポールは不要で、適度な距離感の木が2本あれば設営できるため、荷物の軽量化が可能。また、地面がぬかるんでいても影響されず、タープがあれば屋根もつくれる。

非自立式テント

自立式よりも少ないポール構成で、地面に刺すペグとの張力で空間をつくるタイプのテント。自立式より荷物は軽量になるが、地面の状況によっては設営に手こずることも。

COLUMN

安心・安全以前に許された場所かどうか

日本では野営・キャンプが許された場所は限られている。基本的には野営地やキャンプ地と指定されている場所を選ぶ必要がある。登山時も同様で、原則テント設営が許可された指定地でのみ野営することができる。ただし、急な雨や天候悪化により一時避難的にやむを得ずテントやタープを設営することもある。その場合、なるべく自然環境にダメージを与えないよう心がけよう。

タープのみ

設営方法は非自立式テントと変わらない。荒天時には不向きな一時しのぎ的な野営方法。荷物を軽量化することはできるが、安心・快適に眠るにはある程度慣れが必要だ。

野営地の選び方

テントを張る理想的な環境

テント設営時に、気をつけたいポイントがある。雨風をしのぐだけでなく、快適に生活する理想的な環境選びとはどのようなものなのか。

何を求めてテントを張ろうとしているのか、その本質を理解することで、テントの理想的な設営場所が決まる。雨風をしのぐためにテントを張るのであれば、土地の形をうまく利用して風や雨の弱い場所を探し出す。強い日差しを避けたいのであれば、木陰で風が抜ける場所などを選ぶのもいい。また、寒い場合は日当たりがよく、風のない場所を選ぶのがセオリーだ。

地面はなるべく平らな場所を選んでおくのがポイント。テントを張る前に、実際、その場所に寝てみて傾斜を確認するのもいいだろう。実際に寝てみると、地面の凹凸も確認できる。小石などであれば除去できるが、木の根などが出ている場合、テント自体を移動しなければいけなくなるので、事前によくチェックしておく必要がある。

キャンプ場などはサイトエリア内にテントを張れば問題ないが、風向きには注意しよう。風下に入り口が来るように設置すれば、風の影響を最小限にできる。

管理されていない場所でのキャンプでは、その場の雰囲気をよく観察するのが重要。動物の通り道になっていないか、他の場所に比べて湿っていないかなどだ。

風が避けられる森の中が理想

強い風が吹いていても、森の中に一歩足を踏み入れれば、静かな世界が広がっている。森は周りの木々が風や雨を遮り、理想的な環境をつくり出している。

設営してはいけない場所

大木の真下も避けたい

雨をしのぐために木の下にテントを張ることがあるが、大木の下は落雷の危険や強風による倒木の恐れがある。危険性を十分に予知しておくことも大切だ。

河原や中州は川と考えよ

川は突然増水する危険な場所でもある。中州は特に逃げ場がないので、絶対に避けるべき場所。たとえ地面が見えていても、中州は川だという認識が必要。

低地や窪地は水が流れてくるかも

窪地は雨が降ったとき、水が流れ込んできてしまうので避けたい。地面が湿っていないか確認したり、生えている植物が周りと違うかをチェックしておく。

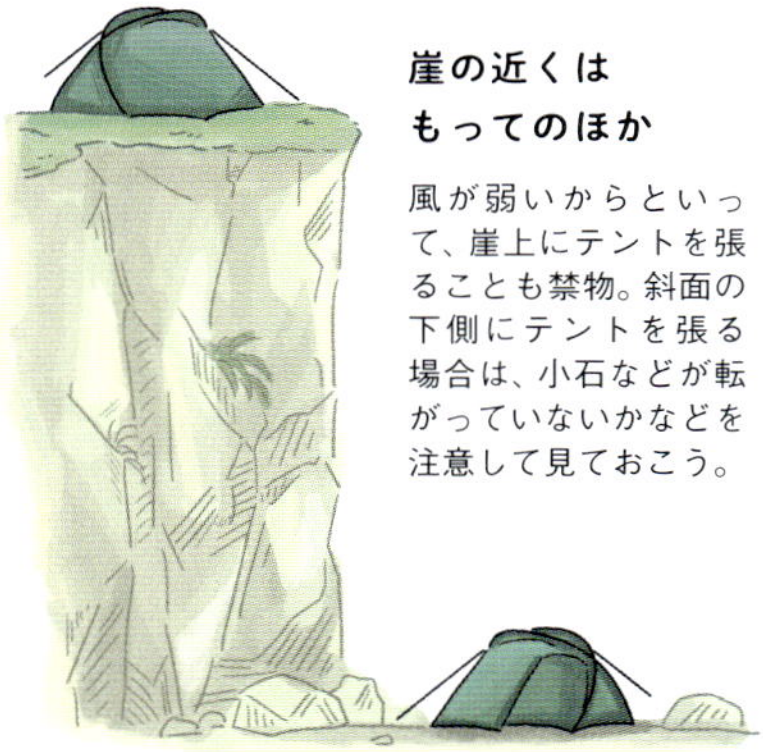

崖の近くはもってのほか

風が弱いからといって、崖上にテントを張ることも禁物。斜面の下側にテントを張る場合は、小石などが転がっていないかなどを注意して見ておこう。

野営環境を整える

目的別居住スタイル

野外で生活拠点をつくる目的は休息のためにほかならない。どんな場面でどのようなキャンプをするか、シチュエーション別に見てみよう。

キャンプをするシチュエーションに、登山時が挙げられる。山頂までのアプローチが長い山や、複数の山を縦走するときなど、山行計画の中にキャンプが含まれてくる。疲労が蓄積しているため、しっかりとした野営環境で休息をとりたいものだ。

日本ではレジャーとしてキャンプを楽しむ場合が大半を占める。キャンプ地にて焚き火や料理を楽しんだり、そこを拠点にウォーターレジャーを楽しむなど、キャンプスタイルも多様化している。車を利用して、まるで引っ越しのように快適な空間を野外に持ち込むキャンプなら、必要なものを可能な限り積み込むことも可能だ。しかし、登山のときはもちろん、公共の交通機関を利用したり、歩いて目的地までアプローチする場合は、すべてをバックパックの中で完結しなければならない。

バックパックに入る必要最小限の荷物で、安全に快適なキャンプをするとなれば、キャンプする場所の環境や天気はもちろん、どんなメンバーでどんなキャンプをするのか、目的と条件を明確化して必要な道具を選び抜く発想が必要だ。最優先事項は体力回復であることを忘れずに。

シンプル野営スタイル

単独行での野営の場合、その場所が安全で落ち着いた環境であればテントを設営するだけで住空間はできあがる。誰に相談するでもなく、自分が心地いいと思える場所を選ぼう。寝るのも焚き火に興じるのも自由だ。

グループで野営

グループでの野営の場合、各々テントを展開して寝床を確保したら、焚き火を囲んでリビングスペースを共有したい。荷物を分担できるグループ行だからこその利点を活かして、快適な住空間をつくり上げよう。

雨天時の野営

急な雨で行動不可能になった場合、濡れることで体温を奪われないように、できる限り濡れないで済む空間をつくり上げたい。タープがあれば、テントの出入り口側を覆うように張ることで、自身と衣類が濡れるのを防げる。

テントを張らない野営
タープのみでビバークする

周囲に木が豊富にある環境であれば、ポールなどがなくてもタープを設営することは可能だ。

タープとともに、落ちている木を加工するスキルやロープワークのノウハウがあれば、快適な屋根をつくり出すことができる。

登山やキャンプにおいて、ケガや悪天候などやむを得ず緊急的に野営することを「ビバーク」という。ここではタープを使った野営方法を紹介する。

夕立のような急な雨を一時的に避けたい場合や、そもそもテントを持っていない場合など、不意に野営をしなければならない状況もあり得る。そうならないための下調べや準備はもちろんしておきたいが、野外では何が起きてもおかしくない。そのための備えとしてタープがあると救われることがある。

また、木が生い茂る環境であれば、さまざまな知恵や工夫によって快適な環境をつくり出すことは可能だ。ナイフを使ったクラフトやロープワークを駆使して、あらゆる状況にも対処できるようにしておこう。

タープと木で屋根をつくる

木にロープを結びつける

タープのロープを木に結びつける（44ページの写真のように3本の立ち木を使って3カ所結びつける）。目線より上の高さで結ぶと、タープ下でかがまずにすむ。

ボーラインノット ▸p146

枯れ枝をポールにする

適切な場所に立ち木がない場合は、倒木や枯れ落ちた枝を使ってポールにする。ロープが引っかかりやすいよう枯れ枝を加工して、タープロープに固定する。

ナイフの握り方 ▸p114

枯れ枝でペグをつくる

ペグも同様に枯れ枝で作成が可能。ポールと同じように先端を尖らせたら、ロープを巻きつけるための凹みをナイフで加工する。

ペグをつくる ▸p139

ロープを調節する

③のペグを地面に打ちつけたら、タープのロープを引っかけて長さを調整し、タープをピンと張る。必要であれば、木に巻いたロープも調節する。

トートライン・ヒッチ ▸p153

COLUMN

大型シェルターも選択肢になる

タープだけでは心許ない場合、ポールを使うテントのようなシェルターがあると安心だ。グループで行動するなら1人はシェルター、1人は食料、1人は調理器具などと荷物を分担すれば、大型のシェルターでも持ち込むことは可能だ。

睡眠の大切さ

野外で十分な体力を維持する方法

体力が落ちていたら何かが起きたときに的確に対処することができない可能性があるので、休息は野外で活動する上で欠かせない。

悪天候で行動不能となったり、同行者がケガをしたときなど、不意な事故に見舞われる可能性は大いにある。それが山奥でケータイの電波も届かないような場所では、助けを呼ぶこともできない。いかなる場面でも重要なのはいかに体力を残しておくか。そのためには十分な睡眠が不可欠だ。

十分な睡眠、すなわち最低6時間は寝ること。行動計画によって6時間睡眠を得られない場合もあるだろう。その場合でも仮眠をとるなどして、1日合計で6時間の睡眠をとることを目指す。いわゆる「昼寝」を活用することだ。

快適な睡眠に欠かせないのは寝具だろう。季節にかかわらず、野外での夜は夏でも非常に冷えるもの。衣類と合わせて寝具も目的地や季節に応じて、きちんと体温保持ができるものを整えたい。バックパックに詰め込むとかなりかさばるものになるが、決して疎かにしないように。

昼寝をするなら、おすすめしたいのがハンモック。適度な揺れが自然と眠りに誘ってくれる。

COLUMN

テントのカラーは機能で選びたい

テントの形状やデザインは人それぞれ好みがあると思うが、ここで色について触れておきたい。明るい色はテント内も明るく、朝の日差しによりはやく目が覚めやすい。夏場は遮光しないと眠れなくなるほどだ。暗い色だとよく眠れるが、ヘッドライトの電池を消耗しがち。また、オレンジや赤など自然の中にない色はよく目立つため、遭難時に発見されやすいなどの特徴もある。色については好みだけではなく、行動時間や睡眠パターンなど、機能面も考慮して選ぶようにしよう。

アウトドアの寝具

スリーピングバッグとマットの活用

体力回復に重要なのが寝具選び。寒すぎても暑すぎても快適に眠ることはできないため、自分にとって最適の寝具を選び抜こう。

スリーピングバッグ（寝袋）の種類

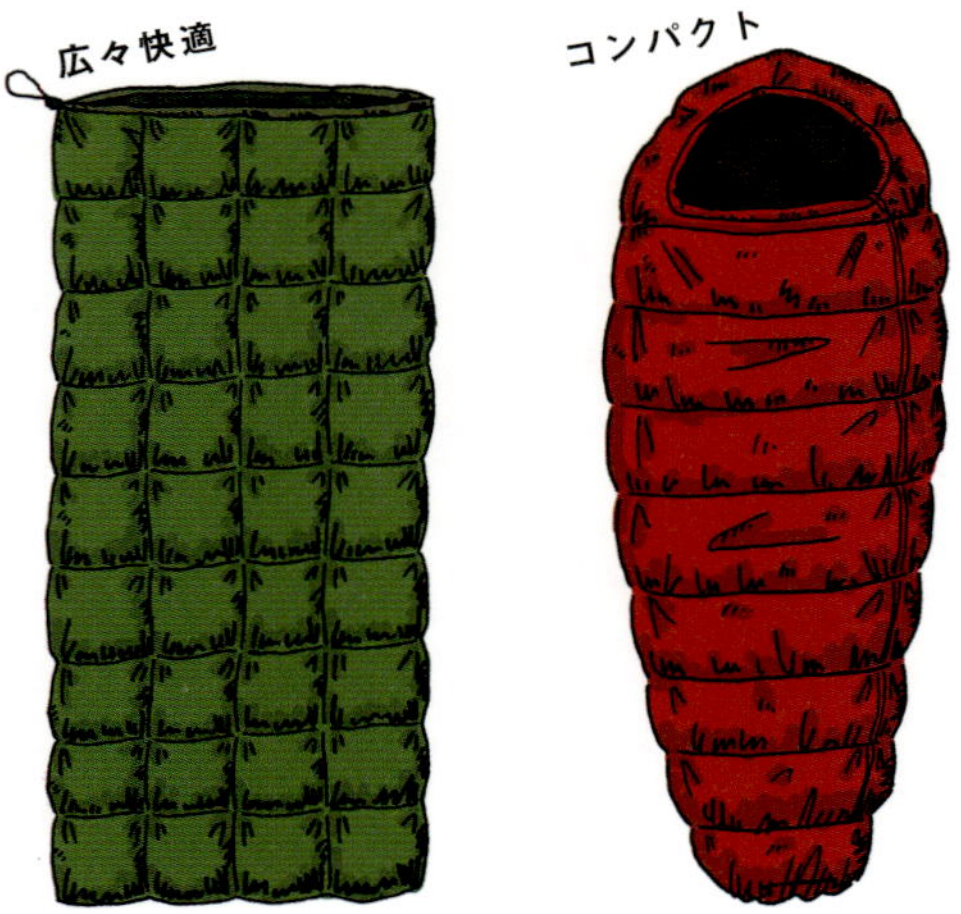

レクタングラー型

四角い長方形の形をしたスリーピングバッグ。広々としているので、足を自由に動かせるのがポイント。マミー型が苦手な人でも快適に寝られる設計。

マミー型

足元が絞り込まれ、顔部の回りを覆うようにデザインされたスリーピングバッグ。熱効率がよく、性能を落とさずにコンパクトに設計できるのが特徴。

シュラフカバーを活用する

テント内は結露することが多く、スリーピングバッグを濡らしてしまうことがある。そんなときはシュラフカバーを利用するといい。寒さ対策にも有効だ。

中綿の種類

中綿はダウンや化学繊維が使われる。ダウンはコンパクトに収納でき、保温力も高い。化繊も中空素材などを使い保温性を高めている。

表面の素材

スリーピングバッグの表面素材はいろいろなタイプがある。防水、透湿など機能的な素材も多い。肌触りを重視して選ぶユーザーも多い。

快適温度と限界温度

スリーピングバッグの仕様を見ると、快適温度と限界温度が記されている。なかには限界温度だけという商品もあるので気をつけたほうがいい。限界温度はそのスリーピングバッグで使える限界の気温を記しているが、低温側は寒くて利用できないというのが現状だ。なるべく快適温度を見て、選んだほうがいい。

マットの種類

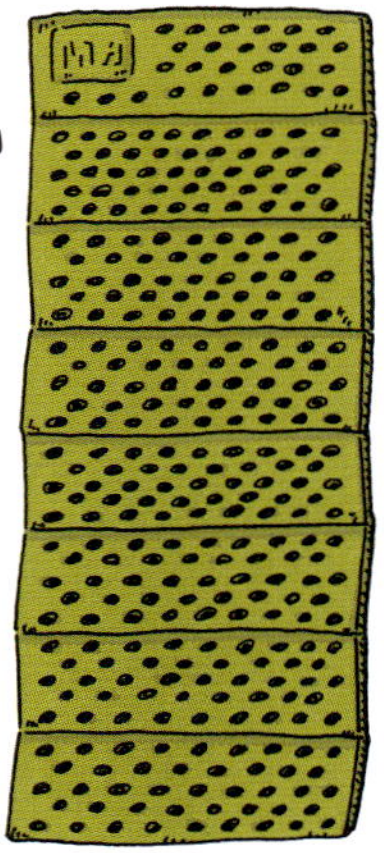

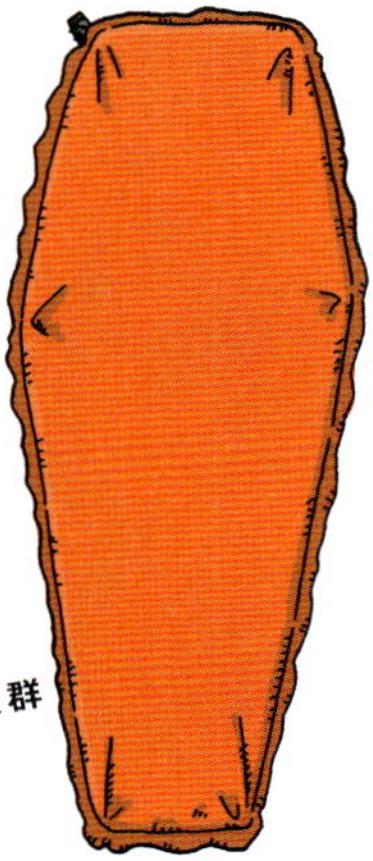

ロールマット

発泡フォームなどでできたマットは地面からの冷気などを完全にシャットアウトしてくれる。丸めて収納するタイプが多く、寝床のセッティングも非常に簡単だ。

エア注入式

マットは地面の凸凹をカバーし、さらに地面からの熱を遮断してくれる。エア注入式マットは空気を入れることで、大きな空気層をつくり快適性を保つことができる。

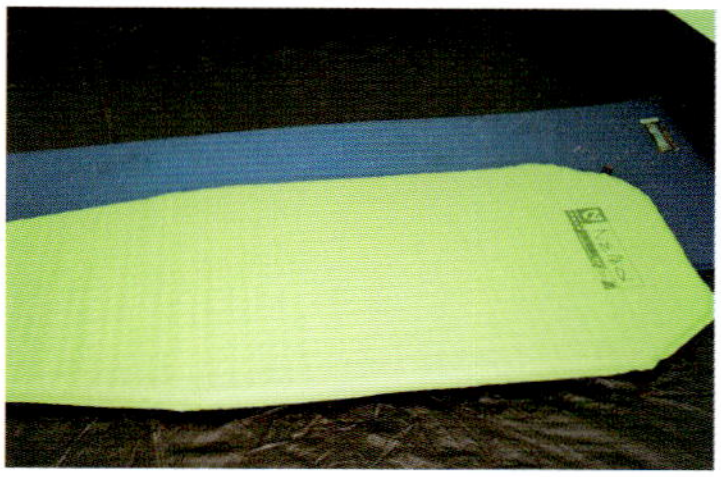

マットのサイズと形

マットはいろいろなサイズと形がある。コンパクト性を追求して、体の形に合わせたタイプなどもある。また、腰までをカバーする短いタイプなど、ニーズに合わせてサイズが用意されている。しかし、快適に寝るのであれば、自分の体よりも少し大きいぐらいがちょうどいい。スリーピングバッグの周りから冷気が上がってくるのも防いでくれる。

COLUMN

背中側こそ厳重に防寒を

地面からの冷えをあなどってはいけない。背中側は自重で寝袋のダウンもつぶれてしまい、その実力を発揮しきれない。寝袋は空気の層があってこそ暖かいということを心得ておくこと。だからこそ、マットでの冷え対策が肝心になる。寒さに弱いと自覚している人は、腰や肩にカイロを張るなど、特に地面に接する面に防寒対策を施そう。

正しい使用時の向き

体の形にあわせたマットは上下が分かるが、その他のマットは上下が分かりにくい。断熱用の溝の位置やバルブの位置などを参考に正しい向きを探し出そう。

灯りの正解

ライトの有効的な使い方

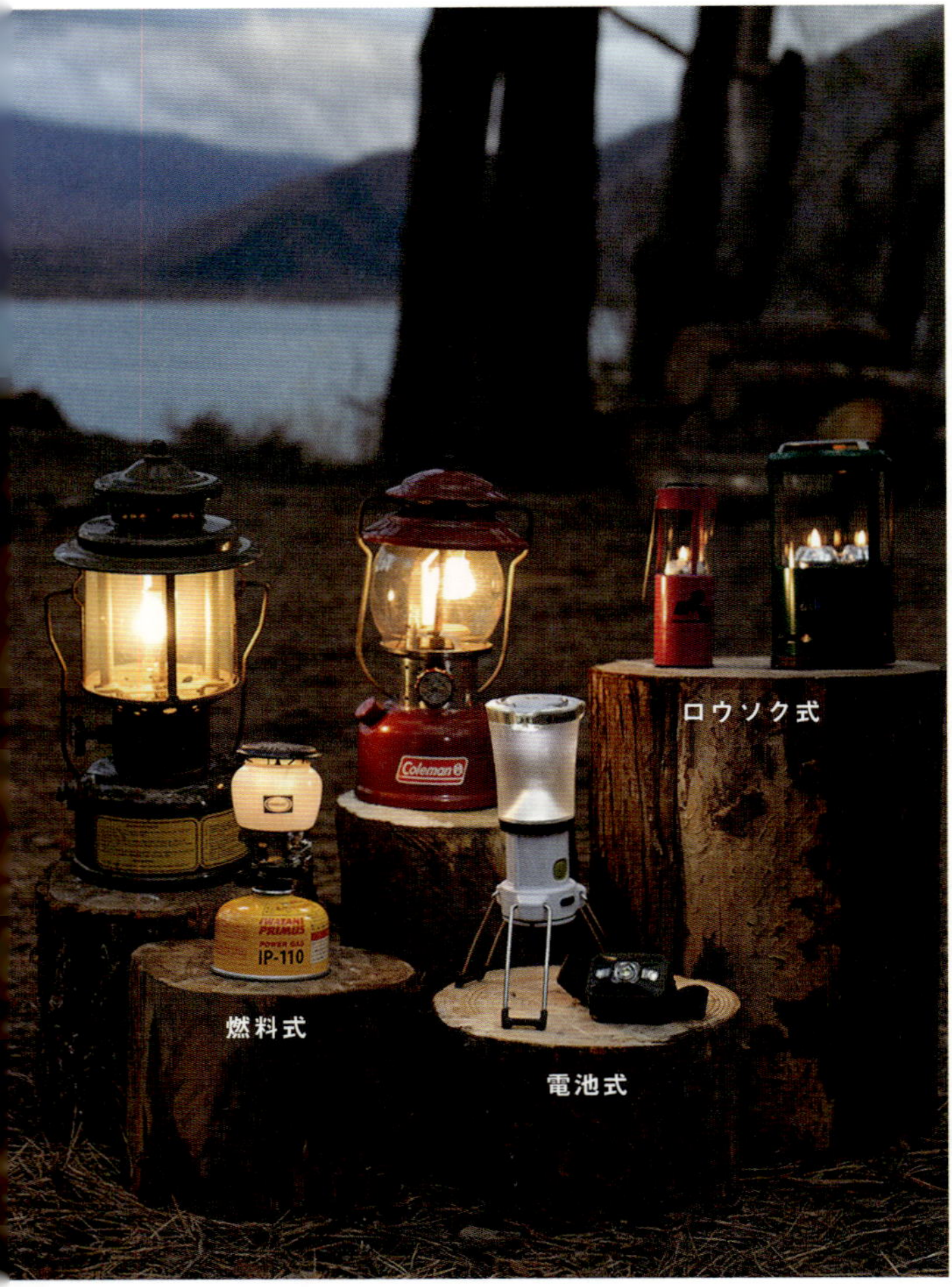

灯りがあることでキャンプサイトの快適度が向上する。また、暗闇に比べ精神を落ち着かせる効果もある。ここでは基本的なライトの特徴を紹介する。

暗闇を照らす灯りはアウトドアで欠かせないアイテムだ。焚き火などの炎の光もいいが、灯りを手元で簡単にコントロールできるライト類を持つことで、夜の行動が快適になる。

ライトにはいろいろなタイプがあり、もっとも簡単でシンプルなロウソク式、ガスや液体燃料を使った燃料式、バッテリーを利用した電池式などがある。

どれも性能に特徴があるので、使い方や用途によってアイテムをセレクトしよう。複数のアイテムを組み合わせることで、ライトを有効的に利用することができるようになっていく。

確実シンプルな「ロウソク」

もっとも古典的なロウソクを使ったキャンドルランタン。ロウソクを複数本入れて、明るさを確保するタイプなどもある。ゆらゆらと揺れる炎が美しい。

メリット

- メンテナンスフリーで故障の心配が少ない。
- 炎の揺らぎでリラックス効果を発揮する。
- 軽量でコンパクトな収納サイズ。

デメリット

- 他のライトに比べて暗い。
- 予備キャンドルが必要。
- 風の影響を受けやすい。

大光量が魅力の「燃料式」

ガスや液体の燃料を燃焼させて発光させる燃料式ランタン。ロウソクや電池式に比べ圧倒的に明るく、グループでキャンプするときにあると重宝する。

メリット

- 非常に明るい光で広範囲を照らす。
- 連続使用が可能で、燃料の追加も容易。

デメリット

- 大きくて重たい。燃料も別で必要。
- 液体式は使い方が難しい。
- 燃焼器具なのでテント内はNG。

安心安全の「電池式」

LEDの技術などによって明るいライトが登場し、より実用的になってきた電池式。電源は乾電池式や充電式などがあり、ソーラーパネルを利用したタイプもある。

メリット

- 電池式なのでテント内でも利用できる。
- 取り扱いが非常に簡単で誰でも使える。
- コンパクトで収納しやすいサイズ。
- 火災の心配がない

デメリット

- 燃料式に比べると明るいタイプが少ない。
- 他の燃焼器具と燃料を共有できない。
- 残りの点灯時間が把握しづらい。

避けてはとおれない

野外でのトイレのお作法

トイレットペーパーも欠かせない道具。裸で持ち込むとげんなりするものも、専用の入れ物があると気分も上がる。

トイレの有無に関係なく、生理現象はどこでもよおすかわからない。自然にも人にも迷惑をかけない方法をマスターしよう。

原則として、野外に出かける際には水を補給できる場所とトイレの場所は確認しておく。トイレのあるところにたどり着いたときには、もよおしてなくても寄ること。そうして不測の事態に備えるのだ。

しかし、トイレのないところでもよおしてしまうことも当然ある。とりわけ、食事をとってキャンプ地を出発し、30分〜1時間ほど歩くとやってくる。登山をする人の間では「キジを撃つ」とか「お花を摘む」などと言うが、茂みに入って人目につかないところでコトを致す必要がある。小用なら慣れたものだが、問題なのは大きいほうだ。

どれだけ便利な道具が増えたとしても、キジ撃ちに技術革新は起きていない。備えるのはペーパーと、事後のペーパー処理のための密閉袋程度だ。袋に入れたとしても持ち歩きたくないという人は、紙と一緒にマッチを持っておくといいだろう。紙も灰となってしまえば自然にも拒まれない。大切なのは人目よりも、なるべく自然に痕跡を残さないことだ。

また、ギリギリまで我慢していると焦りが生まれる。もよおしてきたのなら、腹をくくって速やかに準備をはじめよう。

スマートなキジ撃ち

石がなければ穴を掘る

手頃な石が見つからない場合もある。そんなときは自分で穴を掘るしかない。そのためにコンパクトなスコップを持っておくといいだろう。穴ができたらやることは同じだ。肝心なのは、石を探したり穴を掘る時間を計算にいれておくこと。

処理した紙はマッチで燃やす

自分で動かせる程度の最大サイズの石が半分頭を出していたら最高。ひっくり返したらちょうどいい窪みができる。そこでコトを済ませ、その場で処理した紙はマッチで燃やしてしまう。石を戻してフタをしてしまえば完了だ。

COLUMN

洗濯するかウールに頼るか

トイレ問題とは話題が異なるが、長期間野外で活動すると自身と衣類の臭いも気になってくる。毎日着替えられるほど衣類を持ち込めるのなら問題ないかもしれないが、極力荷物も減らしたいとなれば、着替えは選抜から漏れがちだ。

そこで、陽のあるうちに拠点をつくり洗濯してしまうのも選択肢のひとつ。水辺の近くであれば理想的だ。ただし、源流に近い川でそのまま洗濯するのはよろしくない。なぜならその水は、下流にいる人の生活に使われる可能性もあるからだ。調理器具などに水を溜めてゴシゴシ洗うのが望ましい。

また、臭いのつきにくい衣類を選ぶのもいい。おすすめはメリノウール。保温性があるのに吸湿性も高いので、汗をかいてもベタつかず、防臭効果も高い優れもの。

メリノウールはウールの中でも最高級品。耐久性も高く、まさに野外活動家向けの衣類なのだ。保温性も抜群。

COLUMN 2

北欧に学ぶ アウトドアの智恵

北欧テントの形考

テントを『ソフトハウス』と呼んでみるとその印象が大きく変わる。小さな柔らかい家はコンパクトに折り畳め、引っ越しも自由だし地震にも強い。家を背負って歩けるとはなんて素晴らしいことなんだろう。いろいろなサイズや形は眺めているだけでもワクワクする。

ノルウェーやスウェーデンの大型テントの多くは三角錐をしたものが多い。それは北欧の先住民である“サーミ”の牧夫がトナカイを追う際に一時的な住まいとして使うもので『ラーボ』と呼ばれるテントに酷似している。トナカイの毛皮やシラカバから造られていて降雪に強く、高い天井には空気穴がありテント内で火を焚くこともできる。また木の柱を放射状に組み、隙間に枝葉や土などを詰めてつくった『コタ』と呼ばれる定住型の小屋などもある。すべて天然物からできているので、自然に同化した様はまさに人の巣だ。

現代のテントは防水性や難燃性も備えてより快適度が高いが、長期間を過ごすサーミのテントの中はシラカバの枝葉を敷き詰め、その上にトナカイの毛皮を敷いて地面からの冷え込みを防ぐ。その場にある自然物を活用した方法は大いに参考になる。

シェルターのような小さなテントも魅力的だけれど、生活ができるような居住性の高いもので数日間過ごすのもいい。昨今、テントのなかに薪ストーブを入れて楽しむ人も多くなっている。仲間や家族で食事をしたり語らうには最高だ。ただ、空気の喚起には十分注意が必要。

トレイルからはずれたところに建っていたコタ（サーミ族の住居）。自然にとけ込んだ様は見事だ。しっかりしたつくりのものは30年以上使えるらしい。

PART
3

焚き火をしよう

暖をとるために、調理をするために、キャンプのときにはまず火を焚こう。生活する上でも欠かせない焚き火だが、揺らぐ炎を見ているだけで人は誰しも焚き火の魅力の虜になる。一人で楽しむキャンプでは拠り所となり、家族や仲間とのキャンプでは絆を深めるツールともなる。

焚き火の魅力

焚き火の虜になる

焚き火には不思議な力がある。炎を眺めていると気分が落ち着き、心も体もリラックス。そして、揺れる炎に吸い込まれるように時は過ぎていく。

焚き火の虜になってしまう人がたくさんいる。昔から、暖をとり、調理の熱源として、焚き火は利用されてきたが、その炎は人々を魅了してやまない。ゆらゆらと揺れる炎を眺めているだけで、心地よくなってくるのだが、焚き火をすること自体にエンターテインメント性が秘められているといっていいだろう。薪を集め、小さな火種を徐々に大きくしていく。薪の配置を考えて、炎を育てていく感覚。そのすべてが焚き火の魅力となるのだ。

焚き火の目的はさまざまだが、どんな目的であってもその効果は非常に高い。

焚き火は「どこで誰とやるか」が大切。
思い出に残る焚き火をしよう！

焚き火の目的

心を落ち着かせる

気持ちを落ち着かせるためだけに焚き火をしてもいい。焚き火をすることで、人間本来の姿を取り戻し、穏やかな気持ちになる。

仲間、家族の絆を強める

焚き火を囲んで語らえば、その場にいた人々の絆が深まる。炎が人々の心をほぐして、より親密な関係を築いてくれる。

ダイナミックに調理する

焚き火を使った料理に挑戦するのもいい。火加減の調整にコツがいるが、慣れると、効率よくたくさんの料理ができる。

焚き火料理 ▸p079

寒さをしのぐ暖かさ

体を温める手段として焚き火は有効。炎があがることで直接的な熱が伝わり、じわじわと体の内部から暖まる。

火口と焚きつけ

火のつきそうなものを探す

火熾《おこ》しに必要なものを現地調達できれば、何も準備をしていなくても、焚き火ができてしまう。何が必要で、どのようなモノを集めればいいのかを学ぼう。

火熾しに必要な素材

薪

最終的に炎を道具として利用するために、安定した状態を保つ燃料として使われるのが薪。薪にはいろいろな種類があるので、目的ごとに特性を合わせて薪を選べば、効率のよい焚き火ができるようになる。

薪の種類 ▸p060

焚きつけ

火口の炎を更に大きくするため、次に投入される燃料が焚きつけだ。大きな薪へ確実に炎を移すためにも、燃焼しやすい素材と、ある程度火持ちがする素材でないといけない。炎の橋渡しとして重要なポジション。

火口《ほくち》

焚き火を始める最初のステップ、種火を熾すための素材が火口となる。小さな炎でもかまわないので、火がつきやすい素材を選ぶのがポイント。メタルマッチなどのスパークでも容易に点火することが求められる。

メタルマッチの有用性 ▸p064

COLUMN

ティンダーハンティングを楽しもう

tinder《ティンダー》とは英語で火を熾す際の火口のこと。自然の中にはたくさんのティンダーがあり、決まった正解があるわけではない。自分なりのティンダーハンティングをしてみるのも楽しいものだ。「これは燃えるかな」と集めたものに着火してみるも、着かないこともしばしば。自分なりの正解を見つけていくのもアウトドアの楽しさだ。目で見て触れて、触感とともに音も聞いて、燃えそうなものを見つけ出そう。
ポイントは乾燥していること。地面に落ちているものは湿っている可能性が高く、地面に接していないもののほうが比較的乾燥している。

火口と焚きつけ

火をつけるときに大切なことは、火口と焚きつけをしっかりと準備すること。直接、焚きつけや薪に炎をつけようとしてもかえって時間がかかってしまう。順を追って確実に火をつけるためにも、素材をそろえて、その役割を理解し、火を扱えるようになるのが近道となる。まずはそれぞれの素材の理解からスタートだ。

火口と焚きつけは常に常備しておくのがいいだろう。乾燥させて使いやすいサイズに整えておけば、外で火を熾すとき、すぐに点火作業ができるようなる。

メタルマッチで着火できる火口

メタルマッチの有用性 ▸p064

シュロの皮

ヤシの木などに巻きついている細い繊維質の素材がシュロの皮。火つきがよく、種火を包んで空気を吹き込むと、炎が簡単に広がる。

シュロの皮で着火 ▸p065

シラカバの皮

木の樹脂を多く含んだシラカバの皮は火つきがよく、火持ちがいい。使う大きさに切り分けて常備しておけば、安定した着火が可能。

シラカバの皮で着火 ▸p065

スギの皮

火口としてスギの皮が利用できる。国内の広い範囲で植生し入手しやすい。使う前に、揉みほぐしておくと火つきがよくなる。

スギの皮で着火 ▸p064

そのまま使える焚きつけの種類

マツボックリ

マツボックリもたくさんの油脂を含んでいるので、火がつきやすい。火持ちもよいが、何より見つけやすいのがメリットだ。

スギ、マツの枯れ葉

油脂を多く含んだスギやマツの枯れ葉はよく燃える。炎が上がるタイミングで利用すれば、炎をより大きくしてくれる。

薪の燃焼性能

薪の種類と燃焼特性を知る

薪にも種類があり、調理に向いていたり、暖房に向いているものなど、それぞれに特徴がある。まずはその燃焼特性を理解しよう。

針葉樹の薪

発熱量が高く、火つきしやすい。密度が低いので、薪割りなどもしやすいのが特徴。しかし、すぐに燃えてしまうので、火持ちは期待できない。

広葉樹の薪

木材の密度が高く、一度火がつくと火持ちがよい。薪ストーブなど、ゆっくりと燃焼させる場合は広葉樹の薪を使うことが多い。

薪の燃焼特性は、発熱量と火持ちに違いが出る。熱量を使う調理には発熱量の多い針葉樹が適しているし、一方暖房に使うのであればゆっくり炎をキープできる広葉樹を選びたい。

しかし、広葉樹は密度が高いので、針葉樹と同じ体積でも重量があり、薪割りも大変。しかも、樹液は燃えにくいので、よく乾燥させなければならない。

これらの特性をつかめば、最初は調理で、食後は暖をとるなど、シーンで薪を使い分けられるようになる。

主な樹木の特性

	樹種	特性
針葉樹	スギ	含まれている油脂によって火がつきやすく、速効性のある燃焼が特徴。入手しやすく、薪割りもしやすい。火持ちは悪い。
針葉樹	マツ	ヤニを多く含み、火力が強いのが特徴。しかし、煙も多く、鍋などが真っ黒になることがある。高温になると煙も減ってくる。
針葉樹	ヒノキ	火つきが非常によく、すぐに燃えきってしまう。スギよりも密度が低いため、灰の量も少ない。木の香りが心地よい。
広葉樹	シラカバ	白い皮に油脂が多く、火つきが非常によい。よく燃えるが、広葉樹としては燃焼時間が短い。寒い地方に生息する広葉樹。
広葉樹	ナラ	熱量も多く、燃焼時間も長い。広葉樹と針葉樹のいいところを兼ね備えたバランスのとれた燃焼特性を見せる。
広葉樹	クヌギ	熱量、燃焼時間ともに優れた特性を発揮。密度が高く、燃焼時に薪の形をそのまま残して燃えるほど。高品質の薪だ。

針葉樹のなかでも油分やヤニの含有量が違い、煙の量なども変わってくる。樹種によって特徴を把握しておくのは重要なポイントだ。特にマツはヤニが多いので、煙やヤニの付着に注意が必要となる。

広葉樹も密度が樹種によって異なる。期待した火持ちをしないなど、燃え方の違いも顕著に表れてくる。

流木の趣を楽しむ

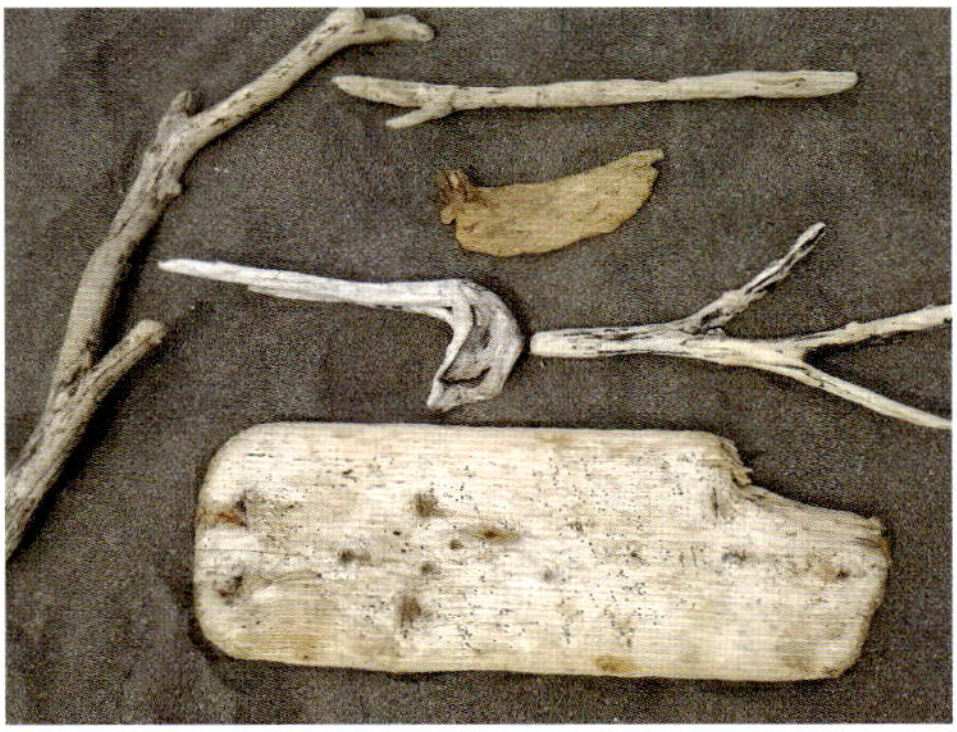

川の流れなどで、いろいろな形に変形した流木たち。自然の中でうまれた造形は美しく、使うのはもったいない気がしてくるものも。

自然の中で燃料となる木材を探すとき、流木の存在も大きい。水場の近くであれば、打ち上げられ乾燥した流木が高い確率で見つかる。山林に入って薪を探すよりも効率がいい場合があるので、まずは水辺の回りをチェックしよう。また、水によって削り取られた自然の造形は見ていても楽しい。アクセサリーなどに加工するのもいい。

COLUMN

購入できる薪も重宝する

ホームセンターなどで販売されている、製品としての薪を利用するのもいいだろう。樹種を選ぶことは難しいが、しっかりと乾燥しており、サイズも均一化されていて薪としての扱いやすさは非常に高い。火つきもよく、火力も強いので、初心者におすすめ。また、焚きつけ用として準備しておくのもいいだろう。ほかの薪と組み合わせれば重宝する存在だ。

炎が勝手に燃え続けることはない。そこには火が育つ環境が必要だ。薪、空気、そのすべてが揃って、焚き火をコントロールできるようになるのだ。

焚き火をコントロール

火を育むために必要なこと

火は育ててこそ炎となり、焚き火へと変化する。火が燃える条件を整え、適度に手を加えることで、炎は安定する。火が燃える条件を確認してみよう。

火口から焚きつけ、そして薪へ、炎を移動できるようになったら、次は焚き火をコントロールしなければならない。しっかりと管理することで、利用するのに最適な炎を、的確に手に入れられるようになるのだ。

焚き火のコントロールといっても、それほど難しいことではない。火が燃える条件を考えて、必要な環境を整えてやるだけ。

火を育てることで、薪を効率的に使えるようになれば、必要なタイミングで調理ができ、冷え込むタイミングで暖をとれるようになる。快適なアウトドアライフには欠かせないのだ。

火が燃える条件

焚き火のコントロールで大切なことは、炎の気持ちになること。炎は上に上がっていく特性があるので、その先に燃料となるものが必要だ。炎の上がる方向を見ながら、追加の薪を加えよう。

　また、酸素を大量に消費するので、酸素をどこから吸収するかを考えて、空気の道をつくることも大切になってくる。

空気が必要

炎を大きくしようと薪を入れすぎる人がいるが、それでは酸欠状態になる。空気の通り道を確保しつつ薪を投入しよう。

薪が乾燥している

当然ながら、薪がしっかり乾燥しているとよく燃える。着火のときには重要な条件だが、燃料消費を抑えたいときはあえて水で濡らすことも。

火の育て方

火吹き棒を使う

火吹き棒があれば、空気を送り込むのに最適だ。風を遮るように薪を組み、狙った場所にピンポイントで空気を送り込むことができる。

手で小さな筒をつくる

焚き火に空気を送り込むとき、ただ息を吹きかけるだけよりも、手で小さな筒をつくりながら空気を吹き込むと、ピンポイントで送り込みたい場所に空気を届けることができる。

COLUMN

燃料消費を抑えた焚き火

火を育てるだけではなく、焚き火を長持ちさせるのもコントロールの一環。焚き火を必要とする時間に対して、所持している薪の量が少ないというとき、水で濡らして不完全燃焼を起こすのも方法のひとつ。調理時に火力を弱めたいときなどにも有効だ。また、シンプルに薪同士の接点を減らすことでも燃料消費を抑えられる。

機械のようにダイヤルで操作はできないが、接点の増減で火力のコントロールは可能なのだ。

着火テクニック①

自然のもので着火してみる

着火は焚き火の醍醐味でもある。そこで、自然素材を使って着火する方法の手順を追ってみた。今回はメタルマッチを利用した着火方法を紹介する。

メタルマッチの有用性

メタルマッチはマグネシウムやフェロセリウム（鉄とセリウムの合金）などでできたロッドと、火花を起こすストライカーがセットになった道具。使い方は、ストライカーでロッドを削り出すだけ。ストライカーはナイフで代用できるものもある。

メリット

濡れても、拭けば点火できるので、雨の日も心強い。また、自然発火することもなく、保管していても安全。

デメリット

火花を出すのも対象物に向けるのも慣れないと難しい。また、火口や焚きつけがないと火はつかない。

スギの皮で着火する

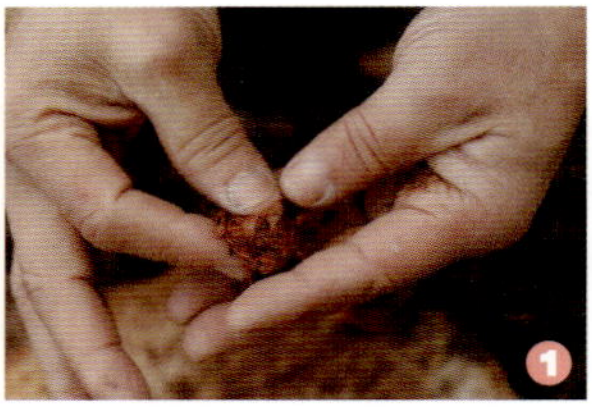

スギの皮をもみほぐす

スギの皮を手でもみ、ほぐしていく。乾燥していれば、簡単に形が崩れて、柔らかくなってくる。あまり力を入れずに、元の形が分かる程度でやめる。

広げて空気の層をつくる

ほぐしたスギの皮を、繊維を残しながら、綿を伸ばすようにして広げていく。皮の中に空気が入り込むように、ふわふわの状態にしておくのがポイント。

薪の下にスギの皮を置く

細い薪を組んで、その下にスギの皮を入れ込むようにセットする。このとき、乾燥した焚きつけのスギの葉などを準備しておいてもいい。

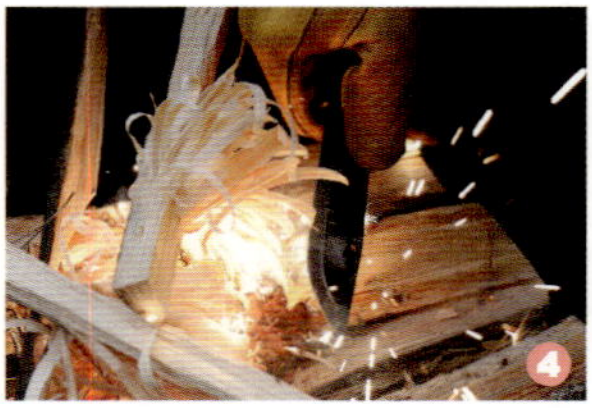

スギの皮めがけてスパーク

メタルマッチの火花をスギの皮に移るようにこする。ナイフでこするとき、薪を崩してしまったり、周りにぶつからないように注意。

シラカバの皮で着火する

ナイフの背で毛羽立たせる

シラカバの白い部分をナイフでこすり、毛羽立たせる。メタルマッチは細い繊維に点火するので、しっかりと毛羽立たせておくのが重要。

マグネシウムを削り落とす

毛羽立たせた皮部分にロッドのマグネシウム成分を削り落としておく。マグネシウムはなるべく1カ所に集めておいたほうが、火が大きくなる。

火花を出す

毛羽立たせた場所に向けて火花を出す。メタルマッチのロッド部分を皮に押しつけて、ナイフを手前から奥に送り出せば、火花が移りやすい。

着火に成功

削り出したマグネシウムに引火して、すぐに大きな炎になる。毛羽立たせてあるので、シラカバへの着火もすぐ。冷静に炎の状況を確認する。

シラカバの皮を回す

ある程度炎が大きくなったら、シラカバを回転させて、炎を大きくする。着火状態では表面が燃えているだけなので、しっかりと種火をつくる。

COLUMN

シュロへの着火

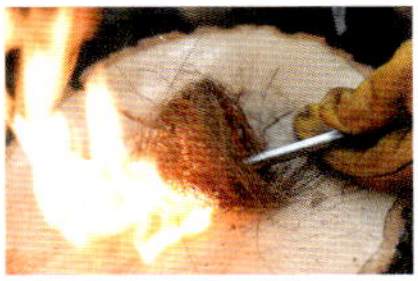

シュロはもともと細い繊維でできているため、事前の準備はそれほど必要ではない。ある程度ほぐして、密度と空間のバランスをとって丸めれば、メタルマッチでも容易に着火できる。

着火テクニック②

身近なもので着火してみる

牛乳パックや割り箸など身近なアイテムで火をつけられる知識をもっているだけで十分なスキルといっていいだろう。普段の生活アイテムを使って着火する方法を確認してみよう。

ティッシュペーパーも、びりびりに破いて細い繊維状にすればすぐに着火できる。ただし火は長持ちしない。

樹木の皮などが手に入りにくい場合は、身近なアイテムでも代用できる。災害時に都市部で火が必要なときも対応できるので覚えておこう。

牛乳パックで着火する

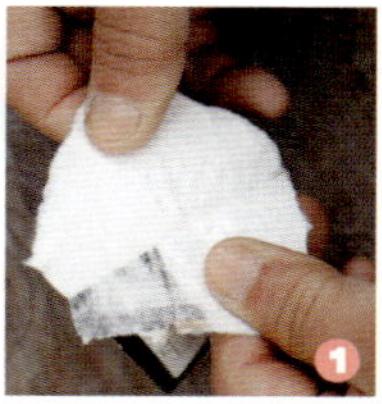

牛乳パックにはポリエチレンが使われているので火がつきやすい。ただし加工が必要だ。まず最初にパッケージの紙を薄くはがしていく。

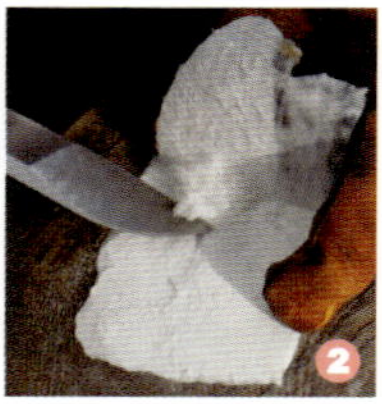

はがした紙部分をナイフでこする。メタルマッチの火花が移るように細かい繊維を起こすように立たせるのがポイント。

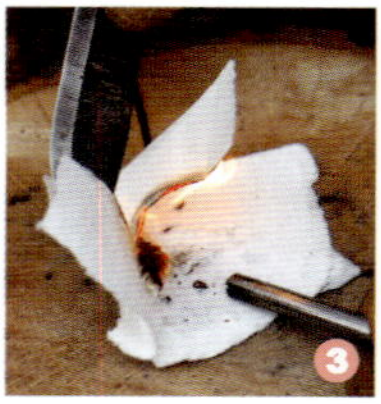

メタルマッチを起こした繊維部分に向けてこする。火が移りにくい場合はマグネシウムを削り出しておく。

麻ひもで着火する

麻ひもを利用する方法も有効。麻ひもは繊維が細いので、着火しやすい素材になる。下準備としてナイフなどでほぐさなければならない。

麻ひもの端からナイフでほぐしていく。何回も繰り返すことで繊維が細くなり、綿のような状態になる。ある程度のサイズになるまで続ける。

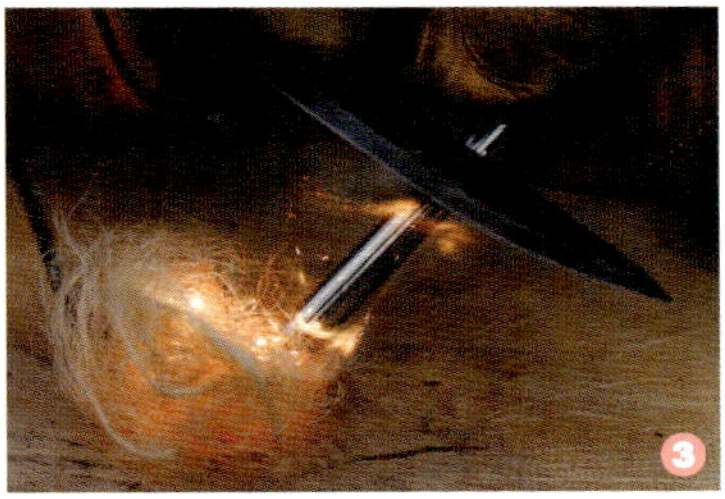

麻ひもをほぐして綿状態にして軽くまとめ、内部に向けてメタルマッチで火花を放つ。非常に繊維が細くなっているので着火しやすい。

割り箸で着火する

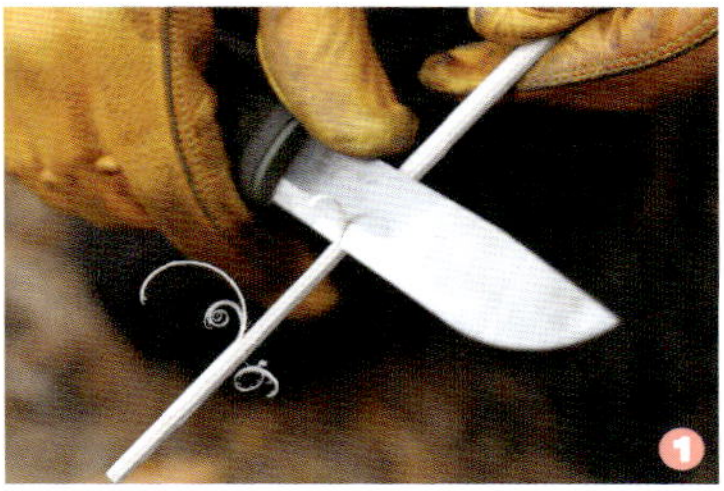

割り箸も燃えやすい木材だが、そのままでは火種にならない。ナイフで削る下処理が必要だが、使い方次第で簡単に火種をつくれる。

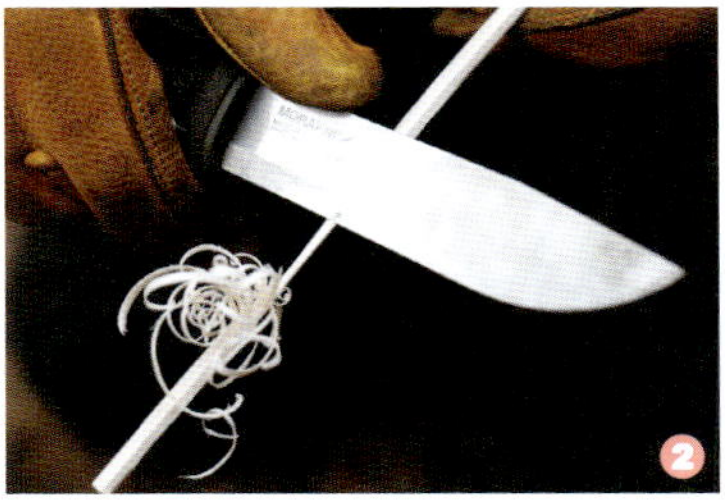

割り箸をナイフで削り、カールした削りカスが割り箸に残っている状態にする。なるべく細かくすることで、火がつきやすくなる。

割り箸のカール部分にメタルマッチの火花をぶつけるように飛ばす。なるべく細い繊維質にしておき、勢いよく火花を飛ばすのがコツ。

フェザースティック ▶p122

着火テクニック③

状況に応じた火熾し

いつも適した環境で焚き火ができるわけではない。風が強かったり雨が降っていたりと、焚き火に不向きな状況下でも火を熾せるスキルを身につけよう。

自然の中で手に入るものでも身近にあるものでも、スキルがあれば着火はできる。しかし状況によっては、確実とは言い切れない。あらゆる場面に際しても着火ができるよう、確実性の高いマッチで着火する方法を解説する。

マッチで火を熾す

67ページと同様、麻ひもをほぐして着火しやすい状態にする。割り箸または同じくらいの太さの小枝を折って、ほぐした麻ひもの上に被せる。

割り箸・麻ひもで着火する ▸p067

麻ひもを潰さないように、割り箸程度の木を4～5本ピラミッド型に組む。マッチでは太さのある木に着火することは難しいためだ。

親指と人差し指でマッチをつまんで、頭薬部分を体側に向ける。その状態のままマッチを擦って火がついたら、手のひら全体でマッチを包み込む。

マッチの火で麻ひもに着火。麻ひもから割り箸に火が移ったら、割り箸よりもやや大きめの小枝を炎に添える。ピラミッドが崩れないように注意。

COLUMN
マッチを使いこなす

軽量かつコンパクトで、着火の確実性の高いマッチ。日常生活では使う場面も少ないため、そのポテンシャルは見落とされがち。触れたこともない子どもも多いようだが、最初に着火を学ばせるならマッチが一番適している。濡れないように保管しよう。

逆境の火織し

火熾しできる環境として、最も大切なのは乾燥していることだ。どれほどスキルがあっても湿気には敵わない。しかし、湿気っている環境下でも、着火ができないわけではない。

雨の中で拾った薪も表面は濡れているかもしれないが、内部までは浸透していない可能性もある。ナイフで削り出すことで、着火できる可能性は高まる。また、地面は濡れているとしても、石などを使ってできるだけ乾燥した状況をつくり出すことが可能だ。

風が強い日も着火するのは困難だ。しかし、風を利用できれば無風時よりも着火が容易になる場合もある。うまく活用しよう。

雨天時の火熾し

降ってくる雨を避けて地面も乾燥した状況に

雨天時は、タープを張って雨を避けられる環境を速やかに整えたい。地面が湿っている場合は、薪や石を使ってできる限り乾燥した状況をつくり出すことが大切だ。タープを張れない状況であれば、降ってくる雨や雪に対して自分が覆いになったり、新聞紙のようなものを被せてとにかくドライな状況をつくり出す。着火する対象物も、乾いていないと火は熾きない。準備してきた火口（燃料）は、濡れないように保管しておこう。

- 雨避けとなる屋根をつくる
- 薪や石の上などで着火
- 火口は濡れないよう注意

フェザースティックのつくり方 ▸p122

石や濡れていない木の面を土台として、乾燥した状況下をつくり出すことで着火が可能になる。

風があるときの火熾し

風向きを読みコントロールする

秋冬で、周囲に乾燥した枯れ葉や小枝が多い環境下で焚き火をする場合、周囲に延焼しないように注意が必要だ。強風ではないとしても、完全無風状態ということもないため、着火の際には風を読む必要がある。自らの体を風避けとして、マッチの火などが消えないようにしよう。消えない状態まで火種が大きくなったら、風で揺らぐ炎が大きな薪に当たるように薪を配置することで、燃焼速度をコントロールすることも可能だ。

着火時は体を風避けにして、火が育ってきたら体をどかして風を使って空気を送り込む。

- 強風時の焚き火はNG
- 着火の際は体を風避けとする
- 薪の配置で燃費をコントロール

新旧焚き火スタイル

焚き火台と直火の違い

今では焚き火ができる環境も変わり、多くのキャンプ場でも直火は禁止の傾向だ。焚き火台使用がほぼ必須になっているが、その特徴をおさえておこう。

一般的な焚き火台は火床が地面から離れる設計となっている。だとしても芝生などにはダメージを与えることになる。キャンプ場によっては難燃シートなどとの併用を求められる場合も。

焚き火台のメリット

- 地面にダメージを与えない
- 焚き火位置が移動できる
- 道具を選ぶ楽しみがある

焚き火台のデメリット

- 野趣に欠ける
- 荷物が増える

荷物が増えるといっても、軽量コンパクトなモデルもある。雨天時などでも着火しやすいため、備えておいて損はないだろう。

携帯型焚き火台の活用 ▸p074

落ち葉を集めて焚き火をする、秋の風物詩でもあったそんなシーンも、今は見ることはなくなった。キャンプ場ですら、直火での焚き火は禁止されているところがほとんどだ。利用者による焚き火後の処理が徹底されていなかったり、芝生などのフィールドにダメージを与えてしまうなど、その理由はさまざまだろう。

ところがこれは悲観的な話でもない。アウトドア用品としての焚き火台の進化も著しい。軽量コンパクトなものが多く、キャンプ用に限らずさまざまな種類があるため、それを選ぶのもまた楽しいものだ。

直火

専用の道具がなくてもできる直火での焚き火は、野外生活に欠かせないものであり、キャンプにおける醍醐味といっても過言ではない。直火を楽しむには、許された環境と正しい知識・マナーが必要だ。

直火のメリット

- 焚き火台より足元も暖かい
- レイアウトが自由自在
- 焚き火の設えが美しい
- 焚き火スキルが向上する

直火のデメリット

- 地面の植物や生物にダメージを与えてしまう
- 移動することができない
- どこでもできるわけではない
- 準備や片づけに手間がかかる
（むしろそれを楽しむ！）

直火のできるキャンプ場でも、炭はおろかゴミが放置されていることも。こうしたマナーの悪化が直火禁止をより促すことになる。

COLUMN

直火のつもりで焚き火をしたい

直火のできる場所が減ったことで、焚き火台が台頭してきたが、これらを選び使う楽しみから焚き火をする人が増えたのは喜ばしいことだ。とはいえ、焚き火とは本来直火のことを指す（と思う）。焚き火で人が本来取り戻したい野生または本能は、直火でこそ呼び起こされるのではないだろうか。焚き火台使用がルールであっても、できるだけ直火のつもりで楽しみたいものだ。

直火の作法

かまどの正しいつくり方

直火で焚き火ができるならば、石などでかまどを組んで、よき調理スペースとしたい。76ページで紹介する後始末の方法とセットで覚えておこう。

この石の上に調理器具などを置いていくわけだが、焚き火をして2日目にもなれば、自然と必要なものがちょうどいい位置に配置されていくことになる。

かまどとは、太古から発展してきた火を囲うための調理設備だ。火は囲わないと熱が放射などで逃げるし、風で揺らぐなど効率が悪い。キャンプや野営時に直火で焚き火をするなら、火床を石で囲う程度の、簡易のかまどをつくりあげたい。

　かまどの組み方には正解はないが、地面を掘って火床の高さを低くして、石を組むことで、調理がしやすくなる。また、石を組むことは火床が風から守られるのはもちろんのこと、焚き火の熱を蓄積してくれるという点でも効果がある。

COLUMN

かまどづくりの基本的な考え方

かまどをつくるのは、焚き火の燃焼効率を高めることが目的である。地面を掘るのは後始末のためでもあるが、地面を掘ると自ずとカーブができるので、直線的な薪との間に隙間ができ、自然と燃えやすくなる。また、石などで火床を囲うことでも燃焼効率は高まるが、空気の通り道も必要。火熾しや調理作業をしやすくするためにも、座る位置の正面だけは空けておくことをおすすめする。かまどのサイズは焚き火を囲う人数に応じて大小を決めよう。

かまどのサイズを決める

焚き火で調理もするとなれば、直径50cmほどのサイズがあれば十分。人数が多ければさらに大きくし、コンパクトに焚き火のみを楽しむのであれば、よりミニマムなサイズにとどめよう。

10cm程度の穴を掘る

サイズを決めたら10cmほどの穴を掘る。石を組んだ際に高低差が生まれ、ロストル（→p083）などを使って調理しやすくなる。焚き火の後始末時に灰を埋めるため、いずれにしても穴は必要となる。

焚き火の後始末 ▸p076

小石を敷き詰める

掘った穴に、周辺から集めてきた小石を敷く。小石に熱が反射して、焚き火の熱を効率的に利用することができるし、地面の湿りも遮断してくれる。敷くのと敷かないのとでは暖かさが断然違う。

周囲を石で囲む

掘った穴のサイズに合わせて大きめの石を周囲に組んでいく。なるべく隙間ができないように組むのが望ましい。石の形はまちまちなので、パズルを組むような楽しさがある。

石はなるべく平らに並べる

石はなるべく平らになるように並べたい。この石は焚き火を囲うためだけではなく、食材や調理器具を置く作業台にもなるからだ。自分が座る位置の石ほど平らにこだわろう。

POINT

丸太があるとなおよし

かまどのための石を探す際、丸太を見つけたらぜひ確保しておこう。椅子になるのはもちろん、ノコギリやハチェット（→p111）を使って薪割りをすれば燃料とすることもできる。

オフグリッド燃焼器

ウッドストーブの活用

コンパクトな焚き火ストーブの中でも、燃焼効率に特化したモデルがある。少量の小枝で煮炊きができるので、燃料採取や調理の時間短縮ができる。

ソロストーブのしくみと使い方

ソロストーブの中に焚きつけとなる燃料を入れて点火。

最初は煙が出てくるが、筒の中に上昇気流が発生して、二次燃焼によって煙が出なくなる。

最後に五徳を載せて調理などに利用する。燃焼効率が高いので、少ない燃料で高い熱量を生む。お湯が沸くのも早い。

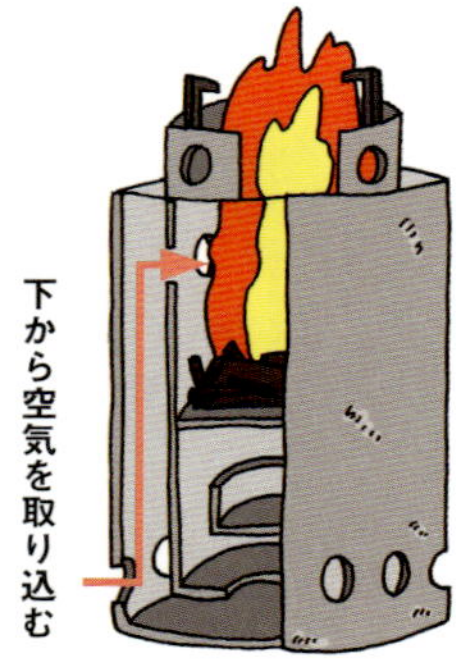

下部から空気を吸う

二重構造の円筒型のストーブ。外側の下部から空気を取り込み、内側上部の穴から燃焼部へ空気を送り込むしくみ。上昇気流を生んで空気をより吸い込みやすくすることで、高い燃焼を起こすため、燃料は灰になるまで燃え尽きる。

COLUMN

煙が少ない二次燃焼とは？

燃料となる小枝や薪に着火して、空気を取り込んでそのものが燃えるのが「一次燃焼」。次第にストーブ全体が暖まってくると、外壁と内壁との間の空気も暖まり、煙突効果で上昇気流が生み出される。外壁下部の吸気口からどんどん空気は吸い込まれ、内壁上部の穴から吹き込まれた熱風が炎となり、より高温で煙の少ない「二次燃焼」が起こる。

ケリーケトルのしくみと使い方

効率よく湯を沸かす

効率よくお湯を沸かすために開発されたのがケリーケトルだ。ケトルの中心が煙突となり、この間を熱が通ることで、お湯を早く沸かすことができる仕組み。

底部の燃焼室に焚きつけとなるマツ葉やマツボックリを入れて点火。しっかりと炎が上がるのを確認する。

水を入れたケリーケトル本体を燃焼室の上において湯沸かしの準備。ケトルの上部はそのまま煙突として炎が出てくるので、やけどには十分注意しよう。

薪が少なくなってきたら、煙突の上から投入する。上昇気流が発生しているので、下部から勢いよく空気を吸い込み、炎の勢いも強くなってくる。

高い煙突効果により、底部だけでなく水の入った本体全体が温められることで、急速にお湯を沸かすことができる。お湯が沸いたらハンドルを使ってボトルなどに注ぐ。

調理もできる

オプションの五徳を上部の煙突につけることで、クッキングストーブとしても利用できる。お湯を沸かしながら、他の調理ができるので効率的。

撤収のマナー

焚き火の後始末

キャンプ場での焚き火跡。時間も経って熱はないが、炭がそのまま露出して残っている。こうした焚き火跡を見つけると、残念な気持ちになる。

一晩の暖と調理のための熱源を与えてくれた焚き火。その場を撤収する際には、感謝の意を表し、丁寧に後始末をして元通りにしよう。

焚き火の後始末をする際の原則は〝原状復帰〟だ。ここで焚き火をしたことなど分からないほど、きれいさっぱり元通りにするのがマナーである。

撤収時は焚き火跡が白い灰だけになっていることが理想。しかし、木が完全に灰になるまでには時間がかかるため、撤収の2~3時間前には薪の供給を止め、燃え残りや炭を灰にすることに徹しよう。

炭を置いていかない

炭はなるべく燃やし切る。時間が足りずどうしても残ってしまう場合は、鍋や火消しツボなどに入れて持ち帰る。大きく残った炭は次回の焚き火で再利用することも可能だ。

小石をとりのぞく

かまどを組んだ際に火床に敷き詰めた小石をとりのぞく。灰はカリウムやカルシウムなどを含むアルカリ性のため、土にとっては肥料となる。

かまどの正しいつくり方 ▸p072

石や小石を戻す

とりのぞいた小石やかまどを組んでいた石は、焼け焦げた面を下にして元の位置に戻す。キャンプ場などでは積んでおくと後にきた人が使いやすい場合もある。

水をかけて完全消火する

少量ずつ、全体にまんべんなく水をかけて消火する。炭に火が残っていると蒸気が沸くので注意。水をかける前に軽く土をかけておくと安全。

土をかける

掘った土を灰に埋め戻す。水が残っているようであれば、さらに上からかけて完全消火を目指す。手を近づけて熱を感じなければ安全だ。

しっかりと踏み固める

埋め戻した土を踏み固めて、掘ったときと同じような状況に近づける。山の土は蓄熱して地中から発火することもあるので、消火されていることを確認すること。

落ち葉をかぶせる

落ち葉や小枝などを集めて、焚き火跡にまく。周囲の地面に溶け込むようにして、可能な限り焚き火の痕跡を消すこと。

北欧に学ぶ COLUMN 3 アウトドアの智恵

携帯焚き火道具は自然循環デバイス

スウェーデンの森で現地の人と一緒に焚き火をしてコーヒーを淹れた。それぞれの方法でやってみようということになり、スウェーデン人の彼は森から太いシラカバの薪を２本調達してきて、地面に平行に並べてその間にナタで削った木屑に火をつけた。しっかりと燃え上がると２本の薪の上に直接ヤカンをのせてお湯が沸くのを待った。

一方、僕は日本から持参した折り畳みの焚き火台や分割式の三脚を組み立てて、メッシュの網の上で火を熾した。燃料はそのあたりに落ちている手でポキポキと折れるような小枝。三脚に水の入ったヤカンを下げて火吹き棒を使って空気を送り込み、燃焼を促進させる。彼はそれを興味深くじっと見つめている。

互いに一杯のコーヒーを淹れあって交換して飲んだ。コーヒーを飲み終えたあとに僕は網の上でほぼ白い灰になった燃えカスを、網をゆすって地面にまいて焚き火台を畳んだ。彼はヤカンに残った残りのお湯をまだ燃えている薪にかけて消火した。薪はまだ半分以上燃え残り、焼け焦げた地面と炭は森に放置された。これが彼らのやり方でたぶんこれまで疑ったことがなかったのだろうが、僕の焚き火の一部始終をみて彼が「そのデバイス（装置）は素晴らしいね。木を燃やしたあとに緑を育てる（炭は残さず灰をまく）とは驚いたよ」と言った。なるほど、これは自然循環装置なのだと言われるとなんだか誇らしい気持ちになった。炭は地中でながらく分解されないが、灰は土の養分になる。木を燃やしながらも次の木を育てる焚き火ができたら最高だ。焚き火はできるだけ灰になるまで燃やしましょう。

小さな焚き火でも繰り返されれば、自然にとって大きなダメージになる。直火を習慣としていた彼らも自然を愛する気持ちは同じだ。

PART 4

焚き火料理

キャンプ地で、焚き火を熱源に調理をしてみると、さまざまなスキルアップが必然的に求められる。たくさんの便利な道具は必要ない。プリミティブ（原始的）なスタイルでつくり、食べるまでの一連の行為を楽しむことは、アウトドアの本質ともいえる。

アウトドアクッキング
野外での台所作業

キャンプ・野営時は必然的に屋外で調理をすることになる。水道もなく限られた道具のみで調理する際のポイントをおさえよう。

大抵の場合、キャンプ場には炊事場が設けられている。とはいえ多くは食器を洗える程度の水道施設があるのみで、調理場ではない。基本的には自分の拠点内が調理場となるのだ。

そこは効率的にシステム化された自宅のキッチンとは違うため、自らの工夫で快適なキッチンを構築しなければならない。冷蔵庫や水道はもちろん、すべてのレイアウトから組み立てるためには、どんな料理をどのような工程でつくるのかをよく把握しておく必要があるのだ。

ペットボトルを容器にしたり、樹皮などを漏斗代わりにしたりと、身近にあるものを調理器具として使うには、柔軟な発想力が必要だ。

野外調理の注意点

火の番と同時作業になる

焚き火で調理をする場合、コンロやバーナーで調理する場合と決定的に違うのが「火力の調整」にかかる手間だ。熾火ができていればコントロールしやすいが、それもいずれ弱火になってしまう。調理に応じて必要な火力にするには、薪と炭を操作し、熱源との距離も考慮しなければならない。

POINT
広葉樹の薪であれば比較的火力をコントロールしやすい。

主な樹木の特性 ▶p061

「熾《おき》火《び》」とは、薪が燃えて赤く熱した炭火のこと。煙が少なく遠赤外線の暖かさにより調理しやすい。

なるべくゴミが出ないように

野外調理ではなるべくゴミが出ないように心がけたい。可燃ゴミ、不燃ゴミ、生ゴミなどを個別に始末するのも億劫だ。食材は出発前に下ごしらえして密閉袋で持ち込もう。

食材が傷まないようにする

夏場は食品の足もはやく、長期滞在時などは注意が必要だ。小さく折り畳めるソフトタイプのクーラーボックスを活用しよう。傷みやすい食材を使わないというのも選択肢。

食材を放置したまま寝ない

食材を放置したまま寝ないこと。特に密閉されていなければ匂いを嗅ぎつけた野生動物をおびき寄せてしまう。キャンプ場でも餌づけされた動物に荒らされるので油断は禁物。

水を節約するために

野外は蛇口をひねれば水が出るような環境ではない。食後の食器類は放置せず、速やかにペーパーなどで拭き取ってしまおう。お湯や水を張っておくと洗い物がラクになる。

COLUMN

万が一の備えに火器という選択肢も

薪が入手できなかったり風雨によって焚き火ができない場合など、調理できない環境に陥ることもゼロではない。そういった場面に備えて、火器と燃料を持っていることも大切だ。日本の登山シーンでは大抵焚き火が禁止されているため、多くの登山愛好家にとって火器を持ち込むことはごく一般的なことだろう。

火器といっても、使う燃料によって種類はさまざまある。広く使われているのはガス式のものだが、ややかさ張るのが難点。アルコールや固形燃料などコンパクトな燃料もあるが、その分扱いには手間がかかったり、使い勝手が悪かったりする。また、交通機関には持ち込めないものもあるため、目的地までの行程や使用シーンに応じて選択する必要がある。

キッチンツールをそろえる

焚き火料理に適した道具

ホイル焼きは簡単！

本書では焚き火で調理することを前提としたレシピを紹介している。焚き火で調理するには、それに応じたアイテム選びが肝となる。

焚き火料理は、薪を燃やした炭火で直接調理するため、使用する調理器具は煤だらけになるのが前提だ。そのため、使い勝手がいいという以上に、質実剛健であることが望ましい。また、使用して汚れても、それが趣となるものがいいだろう。

とはいえ、たくさんの道具を持ち込めるわけではない。どのような焚き火をするのか、どのような料理をするのかを事前に想定し、最小限必要な道具を選び抜こう。83ページでは代表的な道具を紹介する。

焚き火料理に適した調理器具の条件

①鉄製が理想的

調理器具にはステンレスやチタンなどの素材があるが、焚き火で調理する際は蓄熱性の高い鉄製が望ましい。重いのがネック。

②吊せるほうがいい

持ち手が横に出るタイプの調理器具は、焚き火の熱で持ち手が熱くなってしまう。できれば吊せる持ち手がついているタイプが望ましい。

③収納袋は必須

焚き火で調理をすると、調理器具は煤だらけになってしまう。現場できれいに洗い落とすことも困難なため、収納袋は欠かせない。

ケトル

体温保持や食器の洗浄など、何かと必要になるお湯。焚き火をするならケトルを常備して、お湯を沸かし続けると便利。

ロストル（焼き網）

かまどをつくった際の石を使って、食材や調理器具を並べることができるアイテム。吊せないタイプの調理器具でもコンロのように置いて調理することが可能だ。焼き網でも同じことができる。

かまどの正しいつくり方 ▸p072

ホットサンドメーカー

中に食材を詰めてそのまま焚き火に入れるだけで調理できる便利アイテム。上下が分離できるタイプはフライパンとしても活用できたりと、実に焚き火との相性がいい。

トライポッド

現地でトライポッドを組み立てることも可能だが、便利な既製品があることも覚えておこう。S字フックを使って豪快に塊肉を炙り焼きするのも一興だ。

トライポッドをつくるとき ▸p158

COLUMN

アルミホイルはとても優秀

焚き火調理と最も相性がいいのがアルミホイルかもしれない。重たい鉄製のフライパンなどなくても、さまざまな調理に対応してくれる。食材を完全に密閉することも可能なため、蒸し焼きに適しているし、おなじみの焼き芋もお手の物だ。また、まな板代わりにもなるなど、野外調理時の汎用性は目を見張るものがある。安価なので、適量を忍ばせておこう。

魚の香草包み焼き ▸p092

焚き火フォーク

焚き火で調理する際の、もっともシンプルな調理法が炙り焼きだろう。食材を刺して炎に近づけるだけなので、誰でも簡単に楽しめる。手近な木でつくることも可能だ。

自作串のつくり方 ▸p097

自作焚き火台所道具

現地調達でつくるキッチンアイテム

本書のナイフワークやクラフトテクニックを応用すれば、現地調達した枯れ枝や流木を、焚き火調理に適したキッチンアイテムに設えることも可能だ。

野外では83ページで紹介したような道具を全て持ち込めるとは限らない。荷物を極力減らしたい場合や行動計画によっては、最低限の装備に絞られることもあるだろう。そんなとき、現地調達で調理に必要なアイテムをつくることができたらどんなに便利だろうか。

実際、調理器具を吊り下げたり支えるアイテムをつくるのはさほど難しいことではない。ぜひ挑戦してみよう。また、ウッドクラフトの章（→P129）では箸やスプーンといったカトラリー類のつくり方も紹介しているのでぜひ参考にして欲しい。

トライポッド

同じ長さ、近しい太さの3本の木と簡単なロープワークを駆使することで、トライポッドは容易につくることができる。ただし、使用する木が腐っていたり細すぎるものは避けよう。

トライポッドをつくるとき ▸p158

ポットハンガーのつくり方

ポットハンガー

ケトルを吊すためのハンガーも簡単につくることができる。ポイントは、ハンガーとなる木を支えるほうの木の選び方。落ちている木の枝分かれしている部分を活用する視点が大切だ。

Y字に枝分かれしている木を見つけたら、支点となる部分以外の枝を払う。地面に刺しやすいように、下部を鉛筆を削るようにナイフで尖らせる。

ナイフを正しく使いこなす ▶p112

焚き火の位置とハンガーの長さを考慮して、支点を地面に刺す位置を決める。位置を決めたら薪などを使って地面に打ちつける。Y字部分が割れないよう注意。

ハンガー部分の先端を削る。調理器具の持ち手を引っかけたときに滑り落ちないように、ナイフで凹みをつくっておく。数カ所つくっておくと火力調整ができる。

❸でつくったハンガーの凹みが焚き火の上部にくるように位置を調節したら、石でハンガーを固定する。実際にケトルを吊して、ずり落ちないか確認しよう。

爽やかな香りで

果実とラム肉はさみ焼き

フルーツの酸がラムの臭みをおさえ、お肉も柔らかく仕上がる。ホイルで包み、熾火でじっくり焼き上げるだけで見栄えも華やかな1品の完成。ラムは少しレアな焼き加減ぐらいが美味！

つくり方

1 ラム肉をフルーツに挟みやすい大きさに切り、塩を振って味をつける。リンゴとオレンジを輪切りにする。

2 ラム肉がはみ出ないように輪切りにした間に挟む<POINT 1>。挟み終えたらアルミホイルで二重に包み、熾火（P81参照）にそっと入れる<POINT 2>。

3 少し経ったら上下を返す。アルミホイル越しに触って柔らかくなったらホイルを開き、リンゴがしんなりしていたら火から取り出す。

4 フルーツの上に肉を乗せるようにお皿に盛り、コショウを振って完成。オレンジは皮を取って食べる。

材　料

ラム肉……100g
リンゴ……1個
オレンジ……1個
塩……少量
コショウ（ミルで挽けるものがよい）……少量

必要なもの

アルミホイル

POINT 1

肉を挟むときは、切ったフルーツと交互に積み重ねると挟みやすい。肉がフルーツからはみ出さないようにしよう。

POINT 2

熾火の熱が全体に行き渡るように火種に囲まれた場所に2を入れる。熾火に入れてからは焦げないように頻繁に上下を返すようにするのがポイント。

豪快な丸焼きはアウトドアならでは！

ワイルド丸鶏の回し焼き

ダッチオーブンを使わずにできる、鶏丸々一羽の豪快料理。串棒や支え棒は現地で調達した枝でもOK。食べ終えた後の骨は煮込んでスープにもできるので、余すことなく食せる。

つくり方

1 鶏肉に塩、コショウをまぶして2時間程置いて下味をつける<POINT 1>。

2 鶏肉のお尻側から串棒を差し込む。手足がぶら下がらないように針金を巻き、固定する<POINT 2>。

3 ペグをつくる要領で支え棒をつくり、熾火の上にオリーブオイルを塗った鶏肉を設置してじっくりと焼く<POINT 3>。ときどき串棒を回して、まんべんなく火を通す。

ペグをつくる ▸p139

4 肉の厚みがある、もものつけ根に金串を刺し、穴から透明な肉汁がにじんできたら食べごろ（血の色がにじんだ場合はまだ食べられない）。表面の焦げた部分からこそいで食べ、中まで火を通してもOK。

材　料

丸鶏肉……約1kg分
塩……少々
コショウ……少々
オリーブオイル……適量

必要なもの

密閉袋
串棒
支え棒
針金
金串

POINT 1

下味をつけるときは、密閉袋に肉と塩、コショウを入れて軽く揉むと、まんべんなく手早く味をつけることができる。手も汚れないので便利。

POINT 2

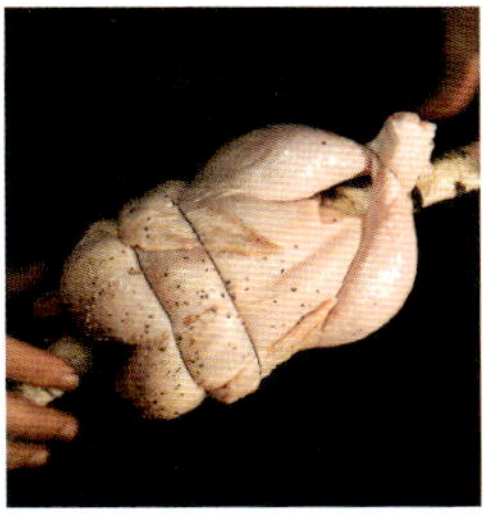

針金は長めのものを用意し、1本で固定できるようにするとズレにくい。写真のように二重〜三重に巻きつけ、足が広がらないように。

POINT 3

熾火に肉を近づけ過ぎると、すぐに焦げるので注意。火力が強いときなどは、肉の表面にオリーブオイルを塗ってから焼くと焦げつきが抑えられる。

木の香りが染み込んで風味がアップ

牛肉とサーモンのボードベイク

水蒸気と熱でじんわり焼き上げることでできる、木の香りと煙が染み込んだ焚き火ならではの絶品料理。木の種類を変えれば、また違ったフレーバーを楽しむことができる。

つくり方

1 調理する30分〜1時間程前から板を水に浸しておく。水から取り出し、オリーブオイルを板に馴染ませる<POINT 1>。

2 牛肉、サーモンに塩を振る。板の真ん中にそれぞれを乗せ、焚き火の上に置く<POINT 2>。

3 15分程で肉と魚を裏返し、お好みの焼き加減になったら火から離し、コショウを振りかけて完成。板をお皿代わりにしていただく。

材　料

赤身牛肉、サーモン切り身……各1枚
オリーブオイル……適量
塩……少量
コショウ……少量

必要なもの

清潔な板（スギ板など）
※本書では長さ30cm程のスギ板を使用

POINT 1

使用する板は焼く食材よりも厚みのあるものを選ぶ。スモークチップと同様に、木の種類を変えることで移る香りが変わるのも楽しみのひとつ。

POINT 2

板が燃えてきたら、周りに水をかけ回して鎮静させる。板からじんわりと伝わる熱と煙で燻されることで、自然な風味が加わる。

北欧の伝統料理

スウェーディッシュスタイル 魚の香草包み焼き

アルミホイルで包むだけの簡単料理。ホイルで包み込むことで、食材の旨味を閉じ込め、しっかり染み込んだ香草の風味が北欧のエッセンスを醸し出す。

つくり方

1 タラのアルミホイルにはオリーブオイルを回しかけ、サーモンのアルミホイルには食材を置く場所にバターを塗っておく<POINT 1>。

2 魚の切り身をそれぞれ1のホイルの中心に乗せる。塩を振り、いちょう切りにしたレモン、スライスしたマッシュルーム、小口切りにしたネギを乗せる。

3 タラにディル、サーモンにタイムを乗せ、ホイルを閉じる<POINT 2>。<POINT 3>を参考に小枝を使ってホイルを二重に包み、熾火のなかに入れ、30分程焼き上げる。

4 熾火から取り出し、お好みでコショウを振って完成。

材　料

タラ切り身（白身魚ならOK）、サーモン切り身……各1枚
ディル（タラ用香草）……1パック
タイム（サーモン用香草）……1パック
レモン……1/2個
マッシュルーム……4個
ネギ……1/2本
オリーブオイル……少量
バター……少量
塩……少々
コショウ……適量

必要なもの

アルミホイル
小枝

POINT 1

サーモンはオイルの代わりにバターでコクを出す。小分けにカットされたバターを使い、ホイルに塗った後のバターもそのまま一緒に包むのがおすすめ。

POINT 2

タラなどの白身魚は淡白な味なので、少しクセの強い香草を合わせるのがおすすめ。スウェーデンではディルが好んでよく使われる。

POINT 3

食材を包んだホイルを、大きめのホイルに乗せ、小枝を添え木にして二重に包む。こうすることで、焼き上げて柔らかくなっても型崩れしにくくなる。

肉の旨味をしっかり閉じ込める

牛肉の塩パン包み焼き

塩釜焼きの要領で肉を焼き上げる。肉に塩味が染み込み、パン生地からの水分でしっとりと柔らかくなる。調理器具を使わずにワイルドに料理できるのもいい！

つくり方

1 密閉袋に小麦粉、塩、水を入れてよく揉んで練り、パン生地をつくる。生地がまとまったら、牛肉を包み込めるサイズで円形に伸ばしておく。

2 牛肉は一枚のまま焚き火の上の板に乗せ、表裏を合わせて1分程焼く<POINT 1>。

3 牛肉を1の上に乗せ、ホイル包みのように包む。つなぎめも馴染ませてしっかり閉じる。

4 焚き火の上に乗せて片面を10分程焼き、ひっくり返して3分程焼く<POINT 2>。

5 火から下ろしてパンを剥ぎ、肉を取り出す。お好みでコショウを振り、食べやすい大きさにカットして完成(パンは食べない)。

材　料

牛肉の赤身(2cm厚が理想)……約500g分
小麦粉……110g
塩……50g
水……100cc
コショウ……お好みで適量

必要なもの

密閉袋
清潔な板(スギ板など)

POINT 1

生肉を焚き火で炙る際は、90ページの「牛肉とサーモンのボードベイク」の要領で木の上に乗せて火の中に入れると、調理器具いらず。表面を炙ることで肉汁を閉じ込めることができる。

POINT 2

生地に包んだ肉は火のついていない薪を支えにして焚き火の中へ。生地をしっかり焼くことで、肉から出る蒸気を生地が閉じ込めて塩気が馴染む。

外で食べると一層美味しい！

ベーコン巻きソーセージ

炙ったベーコンやソーセージはそのままでも十分美味しい。“自作の串を使って焚き火で焼く”この工程が楽しく、焚き火ならではの醍醐味だろう。

つくり方

1 串の先端にソーセージをしっかりと刺す。

2 お好みでベーコンを巻きつけ、爪楊枝（自作したものでもOK）でとめる。

3 遠火でじっくりと炙り、中に火を通して完成<POINT 1,2>。

材　料（4本分）

ポークソーセージ（大きめ）……4本
ベーコン……お好みで2～4枚

必要なもの

串
爪楊枝
※どちらも自作したものでもOK

自作串のつくり方

30cm以上ある枝を用意し、先端から中間の皮をナイフで削る。箸のように先端が細くなるように形を整える。

POINT 1

直接火にかけると先に表面だけが焦げてしまう。遠火でじっくり焼くことで、煙がかかってスモークされて美味しくなる。

POINT 2

自作串の枝が曲がっているときは、地面に刺して角度をつけて焼いてみよう。

発酵なしですぐに焼けるパン

バノック

ヨーロッパで古くから伝わるバノック。素朴な味わいでどんな料理とも相性がよい。タコスのように肉や野菜を挟んで食べるなどのアレンジも自在。

つくり方

1 密閉袋に小麦粉、塩、バター、お湯を入れてよく揉んで混ぜ合わせる<POINT 1>。

2 耳たぶぐらいの柔らかさになったら、ひとつまみ分ずつ取り出して手のひらで丸く広げ、薄く伸ばす<POINT 2>。

3 熱したフライパンにサラダ油をひき、中火で2を乗せる。上面が乾いてきたら裏返し、両面をしっかり焼いて完成。

材　料（4枚分）

小麦粉……200g
塩……小さじ1/4
バター（常温で溶かしたもの）……大さじ1
お湯……大さじ4
サラダ油……適量

必要なもの

密閉袋
フライパン

POINT 1

密閉袋は中身が見えて、混ざり具合が確認できるほか、調理器具いらずで後片づけが楽。子どもも楽しくお手伝いができるのもいいところ。

POINT 2

まな板や麺棒がなくても、手の平と指先を使えばきれいに生地を伸ばすことができる。大きく広げてピザ生地にすることもできる。

朝食やおやつにぴったり

ふりふりパンケーキ

シンプルな材料でできる、しっとり食感のパンケーキは朝食にマスト。ジャムだけでなく、ハムや卵など合わせる具材を選ばない。おやつにもちょうどいい！

つくり方

1 2ℓのペットボトルに漏斗などを使い牛乳、バター、卵、小麦粉、塩を入れ、キャップをしてよく振り、混ぜる<POINT 1,2>。

2 熱したフライパンにサラダ油をひき、ゆっくりと1のタネを流し入れる。

3 片面が焼けたら裏返し、しっかりと焼いて完成。ジャムやフルーツを添えていただく。

材　料（8枚分）

小麦粉……200g
牛乳……500cc
バター（常温で溶かしたもの）……大さじ3
卵……3個
塩……小さじ1/2
サラダ油……少量
お好みのジャム……適量

必要なもの

ペットボトル
漏斗
フライパン

POINT 1

ペットボトルに食材を入れるときは、液体系から入れて混ぜ、粉ものを入れるとダマになりにくくなる。

POINT 2

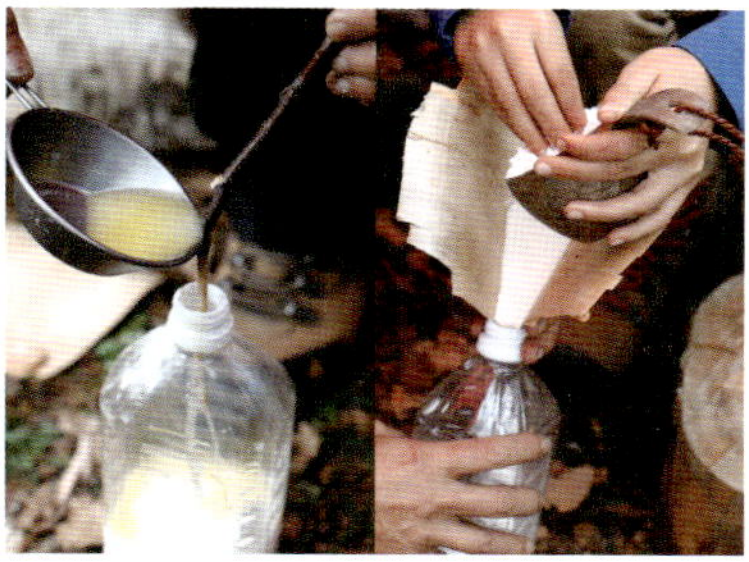

ペットボトルに液体を入れるとき、漏斗がない場合は、枝や箸などを添えて注ぐと入れやすい。粉ものは木の皮を活用するのもおすすめ。

ホイルと串があればできる！

直火で焼くホットサンド

ホットサンドメーカーがなくてもできるお手軽料理。焚き火料理のレパートリーを増やすのにうってつけ。中に挟む具材を甘い系にすればおやつにもなるなど、アレンジも自由自在。

つくり方

1 ラム肉に塩を振り、熱したフライパンにサラダ油をひいて、両面を焼く。

2 2枚の食パンの片面にリンゴンベリージャム（ジャムはお好みで）を塗る。1とディルを乗せてサンドする。

3 アルミホイルでパン全体を包む。2本の串をホイル越しに2本刺し、熾火の中に入れて焼く<POINT 1>。

4 少し焦げるくらいの匂いがしたら上下を返す<POINT 2>。両面しっかり焼いて完成。

材　料（1つ分）

食パン……2枚
ラム肉（小さめ）……3～4切れ
リンゴンベリージャム……適量
ディル……適量
サラダ油……少量
塩……少量

必要なもの

フライパン
アルミホイル
串

POINT 1

熾火から取り出したり、ひっくり返したりするので、串は抜け落ちないように上と下のパンにそれぞれ刺す。串は二股に分かれた木の枝でも代用可能。

POINT 2

熾火に入れてからは、目を離さないようにする。焦げっぽい匂いがしたら素早く上下を返す。ホイル内の焼き加減を見極めるには、経験を積むしかない。

シンプルイズベスト！

極上サニーサイドブレッド

焚き火は遠赤外線とスモークで何でも美味しくしてくれる。朝食にもってこいの簡単レシピは外で食べると格別の美味しさを感じることができる。

つくり方

1 熱したフライパンにサラダ油をひき、卵を割り入れて目玉焼きをつくる。蓋（なければアルミホイル）をして卵に火を通す。

2 その間に、熾火の近くに食パンをおき、表面をカリッと焼く。

3 1の黄身の表面に火が通ったら塩、コショウを振る。目玉焼きを2の上に乗せて完成。

材　料（2人分）

食パン……2枚
卵……2個
サラダ油……少量
塩……少量
コショウ……少量

必要なもの

フライパン
アルミホイル

POINT

焚き火に入れてからは適宜焼き加減を確認。表面に焼き色がついたら上下を返す。

大人の味わいが魅力的！

大人味ホットサンド

ホットサンドは中の具材次第で、いろんな味わいを楽しむことができる。チーズとフルーツのハーモニーにハチミツが程よい甘みを足してくれる。

つくり方

1 ラフランス、ゴルゴンゾーラチーズを5mm程の厚さにスライスする。

2 2枚の食パンの片面にハチミツを塗る。1を乗せてサンドする。

3 ホットサンドメーカーに2を入れて挟み、焚き火の中に入れて両面をじっくりと焼いて完成。

材　料（2人分）

食パン……4枚

ラフランス……1個

ゴルゴンゾーラチーズ……1個

ハチミツ……適量

必要なもの

ホットサンドメーカー

※103ページのようにアルミホイルと串で焼いてもOK。チーズをしっかり溶かしたいならホットサンドメーカーでつくろう

煮出して飲むのが北欧式

焚き火コーヒーの淹れ方

野外で飲むコーヒーはなぜ美味しいのだろう。焚き火をしながらのコーヒーはさらに格別。このために朝、火を熾すようなものだ。

ケトルで湯を沸かし、コーヒー豆を入れてただひたすら抽出される（煮出す）のを待つ。退屈のように思える時間も、焚き火の炎の揺らぎを眺めながらとなれば話は別だろう。

コーヒーを淹れる時間は娯楽でもあるのだ。

野外でもコーヒーの淹れ方はさまざまあるが、焚き火をするのであれば、焚き火と相性抜群の煮出し式をぜひ試してみてほしい。

煮出し式コーヒーとの出会い ▸p187

湯を沸かして豆を入れる

ケトルに水を張り、焚き火でお湯を沸かす。お湯が沸いたらケトルにそのままコーヒー豆を入れる。量の目安としては小山ができる程度。

火にかける

コーヒー豆を入れたら再度焚き火にケトルを戻してコーヒーを煮出す。沸騰して溢れるようなら火から遠ざけて落ち着かせる。

注ぎ口をきれいにする

ある程度煮出すことができたらカップにコーヒーを注ぎ、再度ケトルに戻して内側のフチや注ぎ口に残っているコーヒー豆を注ぐ。

沈ませる

コーヒー豆が口に入らないように、浮いているコーヒーを沈ませる。しばらく放置してもいいし、ケトルを前後に振って遠心力で沈ませてもいい。

COLUMN

繰り返し楽しめる 煮出し式コーヒーの魅力

この煮出し式コーヒーの魅力は、残ったコーヒーに再度豆を追加投入して、二番煎じ三番煎じと延々楽しめるところにもある。煮出されることでまた風味の違うコーヒーを味わうことができ、その点でも焚き火との相性がいいともいえる。また、味を楽しむという点ではひとつまみの塩を振るのもポイント。苦味の中の塩味がアクセントとなって味を引き立たせる効果があるのでおすすめだ。写真は小山にしたコーヒー豆に塩を入れたところ。まるで雪化粧をした富士山のよう。

北欧に学ぶ COLUMN 4 アウトドアの智恵

北欧の定番ドライフード

手間ひまかけて美味しい料理をつくるのもキャンプの醍醐味。ただあまりに料理がメインになってしまい、テントサイトで一日中料理をしているのもせっかくのフィールドがもったいない。そこで登場するのがドライフード。今や乾燥させる技術もすすみ、いろいろな食材や本格的な料理がお湯を用意するだけで楽しめる。スカンジナビアのドライフードはメニューも多く、ボリュームもあって正直美味しいものが多い。カロリーも明記されているのでコンディションにあわせて調整しやすい。また調理に必要な水の分量も事前にわかるので準備もしやすくなる。トレイルイベントの出発時に主催者からドライフードをたくさん渡されたときはテンションが下がったが、いざ食べてみると意外にイケる味に驚いた。日中歩きながらこれを食べるのを楽しみにしていたくらいだ。

できのいいドライフードに出会うとこれまでのいろいろなものを準備して調理するのが「?」となる。現地でのゴミや洗い物も少なくフィールドの環境負荷も小さいのはアウトドア活動の理にかなっているからだ。例えばレトルトのカレーライスを食べるときにご飯にお皿を盛ってカレーをかけると、当然食べ終えた皿は洗わなければならないのだけど、スプーンにご飯をのせてカレーのパックのなかに浸して食べると大きな洗い物はでない。水を少しでも節約したいときにはこんなことも覚えておきたいものだ。たまにはコンビニのレトルト食品やドライフードなどをうまくつかって、買い出しの時間や料理の手間を省いて、自然と楽しむ時間を増やしてみよう。

味気ないと思われがちだが、お湯を沸かすだけで温かな食事を得られる恩恵はことのほか大きい。災害時にも大いに活躍するだろう。

PART 5

刃物を使いこなす

野外で過ごすための、すべての場面で必要になるのがナイフだ。焚き火をするにも調理をするにも、ナイフさえあれば自然のものを加工してどうにか対処することができる。ナイフの扱い方からメンテナンス方法まで、最低限の基本を身につけておこう。

ここで紹介するのはナイフなど、刃物の基本的なテクニックです。大人にも子どもにも身につけてほしいのですが、慣れないうちは当然危険がともないます。子どもだけでは絶対に刃物を使わせず、大人が責任をもって手ほどきしましょう。子どもも大人もグローブを着用して作業してください。また、大人でも難しいと感じたナイフの握りや削り方は行わないようにしてください。ナイフや刃物を使ったケガや事故に対して、著者・監修協力者・出版社ともに責任を負いかねます。
キャンプなど目的がない場合に、ナイフ類を持ち出すことは法律で禁じられています。また、キャンプなどでナイフ類を持ち出す際は、他の人に危険が及ばないように、ほかの道具類とともにしっかりと収納しましょう。

刃物の種類

適材適所で刃物を使い分ける

野外で生活するにあたって、火を熾《おこ》すにも調理をするにも、刃物は欠かせない存在だ。最低限ナイフを使いこなせれば、困ることはないだろう。

薪を割るとき、調理をするとき、手近な木を加工して環境を整えたいとき、キャンプでは刃物が必要な場面が多い。大きな木を薪にするためには斧があったほうが便利だし、調理をする食材によっては専用の包丁が便利だ。現地調達の材料で何かをつくる場合、ナイフも複数あったほうがいいかもしれない。

しかし何でもかんでも持ち込めるわけではない。そんなとき、1本で何役も担うナイフさえ使いこなせれば、いくつも刃物は必要ない。携えるのはナイフ1本。あとは知識と技術で補ってしまおう。

ナイフの種類

本格的サバイバルナイフ

ブレードの素材はカーボンスチールで、より強度が増している。メタルマッチが付属しており、火口があればこのセットだけで着火までできる。

ステンレス製万能タイプ

多目的で使用できるステンレス製ナイフ。水にも強く強度もあるのでバトニングも可能だ。ブレードの背はメタルマッチのストライカーにもなる。

自然のもので着火してみる ▶p064

調理用ナイフ

持ち物に余裕があれば調理用に1本ナイフを持っていきたい。強度は劣るが清潔さも保たれるし、ブレードが薄いほうが食材もカットしやすい。

木工用ナイフ

木工用のウッドカービング（彫刻）ナイフ。先端部が鋭く、削る以外にくりぬいたりもできる。ちなみに写真のシース（鞘）は手づくりしたもの。

ナイフのシースをつくる ▶p138

ハチェット（ハンドアックス）

これはナイフではないが、柄が短いなら慣れてくるとナイフのように扱うことができる。重みがあるため、ナイフより有用な場面も多々ある。

その他の刃物の扱い方 ▶p124

コンパクトナイフ

ポケットサイズの万能ナイフ。小さいながらブレードの背で着火可能。首から下げておくことで、あらゆるシーンで手軽に使うことができる。

ナイフを正しく使いこなす

ナイフを扱うには、ナイフの構造を知って、どうしたら危険なのかを熟知すること。自分も仲間も、決して傷つけないように。

ナイフの各部位の名称

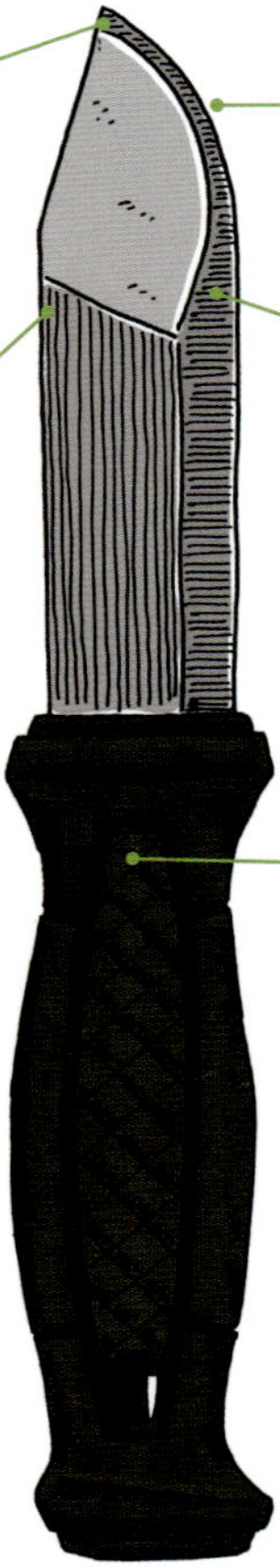
ブレード
ナイフの刃部分全体を指す。
ポイント
ブレードの先端部分のこと。
スパイン
ブレードのエッジのない背部分。
エッジ
切るためにつけられた鋭利な部分のこと。
ベベル
鋭利な部分がエッジで、ベベルは角度のついた面を指す。
タング
ブレードをハンドル内部で固定するための部分。「中子《なかご》」とも。
ハンドル
ナイフの持ち手。グリップとも。

ナイフを扱うときの注意点

未使用時も注意

現場でナイフをほったらかしにしないように。同行者に子どもがいるならなおさら。自分が手を下さずとも、自分のナイフで誰かが傷ついたなら、それでも所有者の責任となるつもりでいよう。

受け渡し時も注意

子どもの頃にハサミの扱い方を学んだように、考え方はナイフも同じ。ブレード側が渡す相手に向かないようにする。基本的にはシースにしまってから受け渡しするように心がけたい。

所持するときから注意

ナイフを野外に持ち込む場合、入れ物であるシースに納めないといけない。携行するときもバックパック内で暴れないように収納しておくこと。腰に装着するのは野営地以外では避ける。

ナイフの抜き方

力を入れずに下に引き抜く

首から下げられるコンパクトナイフを抜くときも、力を入れて抜かないこと。ひじから上は動かないように、腕だけを下げるように抜く。

勢いよく抜刀しない

ハンドルとシースを両手で握り、両親指の腹を押し合うようにしてそれぞれを左右に引く。決してブレードを引っ張るように抜かないこと。

ナイフの渡し方

ポイント（先端部）は人に向けない

ナイフの受け渡しをするときは、先端部を他者にも自分にも向けないようにハンドルを差し出すように渡す。毎回シースに入れてから受け渡しするのが基本。

ナイフの構え方

体の外側で作業する

ナイフは体の外側に向くように作業すること。足を開いて股の間で作業することは極力控えたい。足の内側には太い血管が流れており、致命的なケガになるおそれもある。急所を避ける姿勢をとるだけでもグッとリスクが下がる。

ナイフの握り方 ▸p114

ナイフの握り方・木の削り方

ウッドクラフト（木工）をするにあたって、ナイフの握り方・木の削り方は何通りもある。代表的なテクニックを一部紹介していこう。

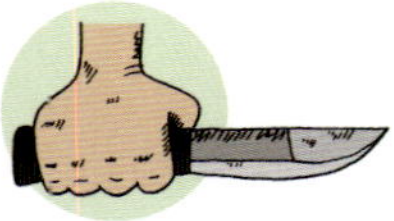

順手で押し出す

ナイフを下に向けて動かして対象物を削っていく方法。握りやすいので力を入れやすく、大きく削り出していきたいときに有効だ。ただし、木目に逆らうとナイフが引っかかることもある。力を入れるときは注意。逆にナイフが走りすぎることもあるため、周囲にも気を配ること。

特徴

- 力を入れやすい
- ナイフは外側を向くため安心

使用シーン

- もっともスタンダードな削り方
- 大きく削り出したいとき

直線的な動きでも削れるが、刃の根元から先端に向かって弧を描くように刃を使うと、ナイフさばきが丁寧にもなり安全性も高まる。

固定して行うとより力を入れやすい

対象物を丸太などに固定すると安定するため、より力を入れやすくなり正確性も増す。フェザースティックをつくるときなどにも有効な手段だ。対象物を固定するものに石など硬いものをセレクトしないように。ナイフの刃があたったら刃が傷んでしまう。

フェザースティックのつくり方 ▶p122

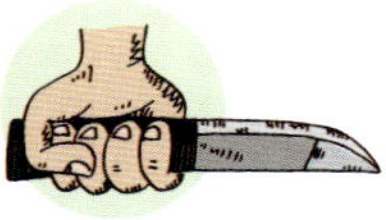

逆手で手前に引く

ナイフの刃を自分に向けることに慣れていないと思うが、これが使いこなせるようになるとクラフトの幅が広がる。重要なのは安全な停止点を置くこと。ナイフのポイント（先端）は自分のほうに向けない。木を体に押しつけて固定する。脇を締めて手首を固定し、刃が体に触れる前に拳が胸にあたって止まるよう、ナイフを持つ前に動きを試してみよう。

特徴

- 短いストロークで力を入れて削れる
- 力を入れやすい

使用シーン

- 対象物が持ちにくいとき
- 削りたい位置の木目が手前に向いている

カービング全体にいえることだが、身体の特性をうまく使って、安全にナイフをコントロールしよう。

COLUMN

北欧の作家から学ぶクラフトの精神

写真はスウェーデンの国民的木工作家のヨッゲ・スンクヴィスト氏の作品。まるで芸術作品のようだが、彼は生活に根ざしたものづくりを実践している。買うより自分の手を使ってつくること、木をよく観察してその形にあったものをつくること、何より野外でウッドクラフトを楽しむことを教えてくれた。ナイフを通じてアウトドアとウッドクラフトが身近になったのだ。

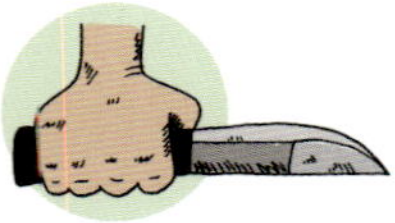

順手で手前に引く

逆手で手前に引く場合と同様、ナイフの刃が体に向く方法。順手で行うため、逆手で行うよりは力が入りにくいが、より繊細な作業に向いている。逆手同様、拳が先に体に当たるため刃が体を傷つけることはない。木目を考慮して使い分けられるようにしよう。

ウッドクラフトに挑戦しよう ▶p130

特徴

- 力のコントロールがしやすい
- 正確性があるので細かい作業向き

使用シーン

- 順手では削りにくい場所を慎重に削りたいとき

対象物を体で固定
安定して作業できる

削るにあたってストッパーになるスプーンなどの首の部分ができたら、これを利用してナイフを体に向けて順手で作業することができる。対象物を体に固定しておくことで、より安定して作業することが可能だ。削り進めていくと対象物を持ちにくくなってくるので、可能な限りどこかに固定して作業するようにしよう。同じ動きを繰り返していると手が疲れてくるので、ときどき握り方を変えていこう。

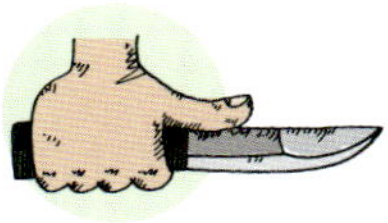

順手で親指を添える

片手だけでナイフを動かしていると、加減をコントロールしきれずにどうしても削りすぎてしまうことがある。仕上げに近づき、長いストロークで削りすぎないようにしたい場合は、親指の腹で刃のスパイン部分を押すように動かすと、大きく削りすぎずに正確に作業できる。対象物を持つ手の親指でもナイフの背を押すと、より力を加えて削ることも可能。

特徴

- 短く正確な削り出しに対応
- 強弱を使い分けられる

使用シーン

- 柄の先端などを慎重に削りたいとき
- 面をフラットに整えたいとき

ナイフは添えるだけ 片方の親指で削る

クラフトは削りすぎてしまったら後戻りできない。スプーンの先端部分など、クラフトの仕上げに近づいてきたらより慎重に作業したいもの。そんなときこそ、親指を添えた削り方の出番。より慎重に行いたい場合は、ナイフを持つ手は添えるだけで、もう一方の手の親指だけでナイフを動かすようにしよう。刃をジグザグに動かして、徐々に削り進めることで、より慎重に作業することができる。

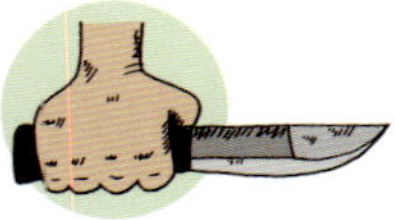

胸の前で肩を開いて削る

ナイフと対象物を持って胸の前で構えて、対象物に刃を当てたら胸を開くように両肩を開き、その勢いで削り出す方法。順手での削り出しなどを繰り返し行っていると腕に疲労がたまってくるが、この方法は上半身の動きを利用するため、腕の力がそれほど必要ない。力も入るが、安全性も高い。ただし、正確性には欠ける。

特徴

- 削りの気分転換にもなる

使用シーン

- 腕の力が弱ってきたとき
- 先端を大きく削りたいとき
- 狭い場所などで作業するとき

COLUMN

ナイフを固定して削る方法

右手に疲労がたまってきたら、左手を使って削ってみよう。もちろんナイフを持ち替えるわけではない。順手で握ったナイフをひざに置いて固定し、左手で持つ対象物をナイフにあてて、引いて削りとる方法だ。正確性には欠けるが、肩を開いて削る方法と同じように、安全で右手を休ませることができる。

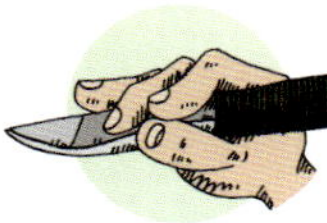

鉛筆持ちで細工を施す

ナイフを鉛筆やペンを持つようにして動かす方法。クラフトした対象物に細工を施したり、名前を刻みたいときなどに使う。刃を手で包み込むように持つため、力を入れる作業には不向き。鉛筆などで模様を下書きして、その模様をなぞるように彫り進めよう。指でナイフを動かすのではなく、手指とナイフが一体となって作業すること。

特徴

- ナイフをペンのように使う
- ごく繊細な作業向き

使用シーン

- 細工を施したいとき
- 文字を刻みたいとき

先端を残してブレードをテープなどで覆ってしまえば、より安全に恐怖心もなく作業できる。

COLUMN

ナイフにマークを施して世界に一本のものに

以前に行った子どもたちとのワークショップで、ナイフに自分たちのオリジナルマークをデザインして焼きつけた。大切なナイフに自らのアイデンティティが記された世界に一本のナイフは、子どもたちに大切に使われて、またその子どもたちに譲り渡せたらどんなに素敵なことだろう。

バトニングを覚えよう

ナイフで薪を割る方法

ナイフで薪割りをすることを「バトニング」と呼ぶ。ナイフの有用性を示す代表的なテクニックで、これができればアックス（斧）不要だ。

ナイフでバトニングする

ナイフを薪にくい込ませる

薪を立ててナイフでおさえる。反対の手で別の薪を持ち、薪をおさえているナイフの背を叩く。ナイフがくい込むまではコツコツと小刻みに叩く。

薪割りをする際、太めの丸太を土台にして作業するとよい。なぜなら、地面で行うと、衝撃が吸収されてしまってうまく割れないからだ。丸太がなければ、同じサイズの薪を並べて土台としてもよい。

ナイフの背を叩く

ナイフがくい込み、薪がグラつかずに安定してきたら、少し力を入れてナイフを叩く。乾燥した針葉樹ならこれだけであっさり割れてしまう。

ナイフを叩くバトンとして薪を使う場合、重量感のある広葉樹が適している。また握りやすいことも条件。グリップ部にナイフでギザギザをつくって滑らないよう加工してもいいだろう。

ナイフの先端を叩く

②で割れない堅い薪だと、ナイフが薪にくい込んで背を叩けなくなる。その場合、ナイフの先端の背を叩いていく。

ナイフの先端の背だけを叩いていくと、先端側だけがくい込んでバランスが悪くなる。バトンで叩くときは、ナイフを持つ手も同時に押し込むように行うとよい。

アックスで薪割りをする

刃をくい込ませる

ナイフでは心許ないような、太めの薪を割る場合はアックスで行いたい。木目に合わせてアックスの刃を当てて、別の薪でアックスの背を叩いて、刃をくい込ませる。

力を入れて背を叩く

アックスが暴れない状態まで刃がくい込んだら、バトンで力強くアックスの背を叩いていく。薪が太めの広葉樹の場合、重量感のあるバトンでないと難しい。

薪ごと叩きつける

アックスがくい込んで背が叩けなくなったり、アックスが抜けなくなることもある。その場合は、薪ごとアックスを持ち上げて、台に叩きつける。

COLUMN
節《フシ》があると アックスでも割れない

幹から枝が伸びるものだが、幹側には成長時の枝が残る。その部分を節と呼ぶが、薪に節が残っていると割るのは難しい。ある程度割れ目ができていれば、別の薪をくさびにして、くさびを叩くことで割ることもできる。しかし、何をやっても割れない薪に出くわすこともある。あくまで刃物を扱う作業なので、決してムキにならないこと。割れない薪はそのまま燃料にしよう。

安全な薪割りの方法

刃を振り回さない割り方

アックスの刃を薪のサイドにくい込ませて、アックスの柄と薪を両手で抱えて持ち、台などに一緒に叩きつける。刃を振り回さないため実に安全。

アックスの刃をひねる

一発で割れなかった場合、数度繰り返すかアックスの刃をひねれば薪は割れてくれる。主に叩きつけるだけで割れるサイズの薪や木の種類で行う。

薪からつくる焚きつけ

フェザースティックのつくり方

薪から焚きつけを生み出すテクニック。ナイフワークの基本を学べるテクニックでもあり、ナイフで木を削る感覚を身につけるのに最適だ。

フェザースティックとは

薪の一端に向かって、ナイフで薄く削っていき、薪に羽が生えたような状態にして焚きつけとするものをフェザースティックと呼ぶ。羽は薄ければ薄いほど火つきがよくなり、乾燥していると、直接着火も可能となる。薪の内部の乾燥部分を削り出していくため、薪の表面が濡れていても着火できるようになる。

薄く細く削っていく

小割りにした薪の角を薄く細く削っていく。面を削ると力の加減が難しく削り落としてしまう。羽ができたらナイフを止めて、ややめくると次が削りやすい。

木目には逆らわない

木目が逆だと削りにくく、力を入れ過ぎて削り落としてしまうことも。逆目の箇所は避けるかより薄く削る。薄く削る感覚を体で覚えていくこと。

常に角を削る意識で

同じ面ばかりを削っていくと、羽がじゃまになってくる。薪を少し回しながら、削ってできた角を削る、を繰り返していくと薄く削りやすい。

台に固定する

薪の先端を台などに固定して行うと安定して力を入れやすい。ただし、力が入りすぎて羽を削り落としてしまったり、薪が折れてしまうこともあるので注意。

COLUMN

薄く削れたフェザースティックは美しい。これほど長く薄く削れたフェザースティックが3本もあれば着火剤は不要。マッチ1本でも焚き火の着火は可能になる。繰り返し練習しておくとナイフで木を削る感覚、木目を捉える感覚が研ぎ澄まされていく。

ハチェット・ノコギリ・ハンドチェーンソーを使いこなす

その他の刃物の扱い方

ナイフ以外の刃物も持ち込めるなら、ナイフではパワー不足な作業も楽になるし、できることの幅も広がる。刃物も適材適所で使い分けよう。

ハチェットは万能だ

アックスよりも柄が短く、小振りなものをハチェット（ハンドアックス）と呼ぶ。用途や使用範囲はナイフとほぼ同じだが重みがある。

そのため背をハンマー代わりとしてペグを打ち込むことができるなど、使いこなせるとナイフ以上に使える場面も多い。

枝払いにも使える

薪割りはもちろん、枝払いにも便利なハチェット。ヘッド部分に重みがあるため、ナイフよりも作業効率が高い。力の弱い女性や子どもにも適している。

クラフトもできる

何かをつくる過程で、大まかに削り落としていきたいときにナイフでは時間がかかってしまう作業も、ハチェットならヘッドの重量のおかげで短縮可能。

ノコギリの使い方

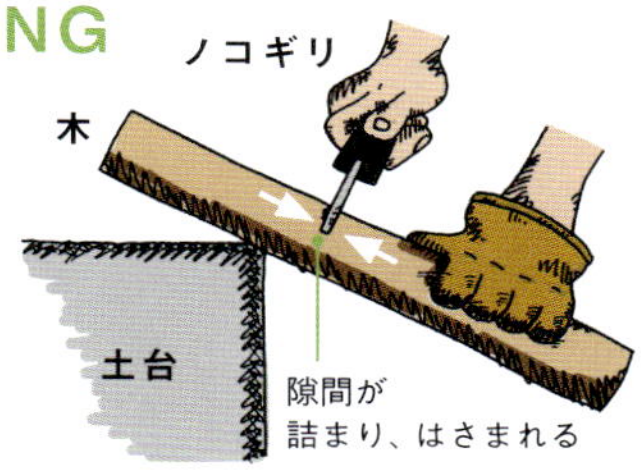

木の自重を利用して切る

ノコギリで切る場合、切る位置を間違えていると、切断面同士が圧着していき、ノコギリが動きにくくなる。切った木が自重で落ちていくようにしよう。

左右にブレないように切る

台などに木を置いて、切る位置を決めたらノコギリを軽く動かして刃の軌道を確保。直線的ではなく山を切るようなイメージで前後に引く。

ハンドチェーンソーの使い方

丸太を切る

ハンドチェーンソーを丸太の下に回し、左右の手で交互に上げ下げして木を切る。シンプルにこれを繰り返すだけ。太い丸太の場合はノコギリよりも切りやすい。

2人で作業可能

ポケットサイズに収納できるハンドチェーンソーは、丸太を切る際に便利。ノコギリよりも効率的に木を切れて、互いに引き合うことで2人で作業することも可能だ。

COLUMN

利き腕専用モデルがあるナタの汎用性

ナイフよりも刃先が大きいナタは、薪割りや枝払いで活躍するハチェットのように便利だ。ハチェットと違う点として刃の形状があげられる。一般的な両刃のほか、片刃のモデルもあり、右利き左利きと分かれている。それぞれ利き腕専用のナタを使うと、枝払いなどの作業効率は両刃よりも高まる。購入の際には刃の形状を確認しよう。
刃が長方形の形状をしている「腰ナタ」が一般的だが、刃が剣の形をした「剣ナタ」もある。刃の短い剣ナタは魚さばきなど調理にも使える。ナタの汎用性の高さも見逃せない。

ナイフのコンディションを整える

刃物のメンテナンス

薪割りやウッドクラフトなど、ハードに使用したナイフは定期的にメンテナンスが必要。ベベルの角度やナイフの研ぎ方の最低限の基本をおさえておこう。

エッジの形状はさまざまある。たとえば斧や日本刀などは刃の厚みがあるため強度が高く、薪割りなどに適している。一方、刃を薄くすればウッドクラフトをするときなど繊細な作業がしやすい。適材適所でナイフのエッジも使い分けたい。

しかし、バックパックに積み込める荷物にも限度がある。仮にナイフは1本だけを持ち込むとなった場合、汎用性の高いエッジにしておきたい。ここでは汎用性も高く、簡単なメンテナンスで鋭さを回復させやすいエッジを紹介する。

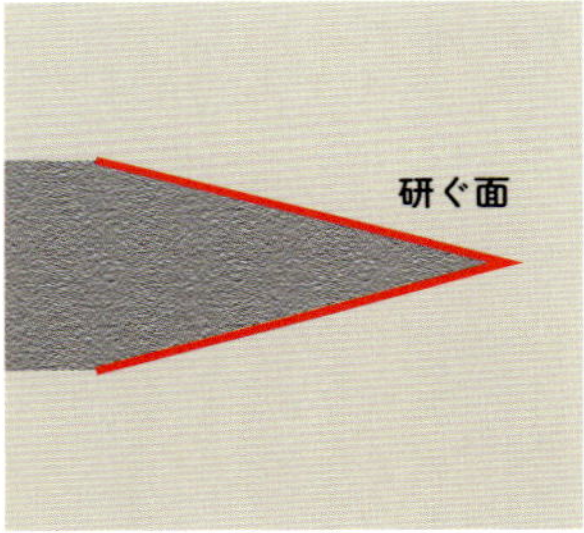

ナイフのベベルが1段の刃

ナイフのベベル（エッジ面）が1段で、まっすぐな状態の刃のこと（スカンジナビアンエッジ）。非常に鋭利で、フェザースティックを削るなど木を削り出しやすいが、その分鋭さも落ちやすく定期的に研ぐ必要がある。また、ベベル全体を研がなければならない。

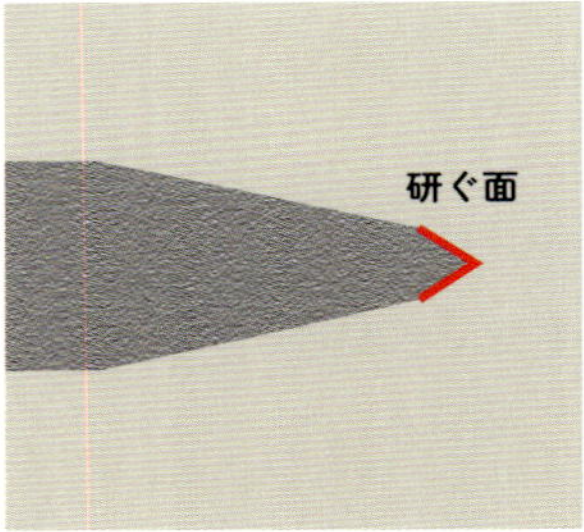

ナイフのベベルが2段の刃

ナイフのベベルが1段の刃の先端に、目に見えないほどの小さなベベル（マイクロベベル）を、1段目より鈍角でもう1段つけた状態。使い勝手は1段の刃とほぼ変わらないが、強度があるのでバトニングをしても鋭さが落ちにくい。また、鋭さがなくなっても、研ぐのは先端だけでよい。

エッジ部分の薄く光っている部分がマイクロベベル。両側につけてもいいし、片側（右利きなら写真の面）だけにつけてもいい。

ナイフの研ぎ方（マイクロベベルのつけ方）

126ページで解説したとおり、ここではマイクロベベルをつける方法を紹介する。研ぐ面は先端だけでよいので、鋭さを回復させるのも容易だ。ただし、1段目のベベルは浮かせた状態で、ナイフの先端だけを砥石に当てていくことになるため、慣れないと難しい。繰り返し練習しよう。

ナイフを主に調理やウッドクラフトに使用する場合、マイクロベベルのない1段の刃が鋭利で使いやすい。その場合、ベベル面全体を砥石に当てて、前後に動かして研いでいく。ただし、頻繁にメンテナンスをする必要がある。

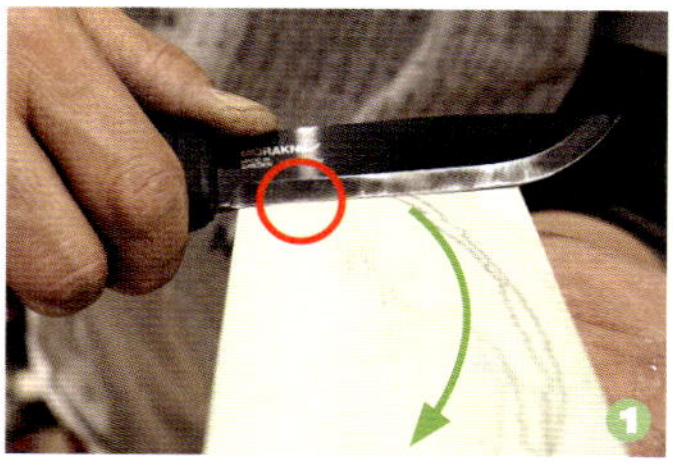

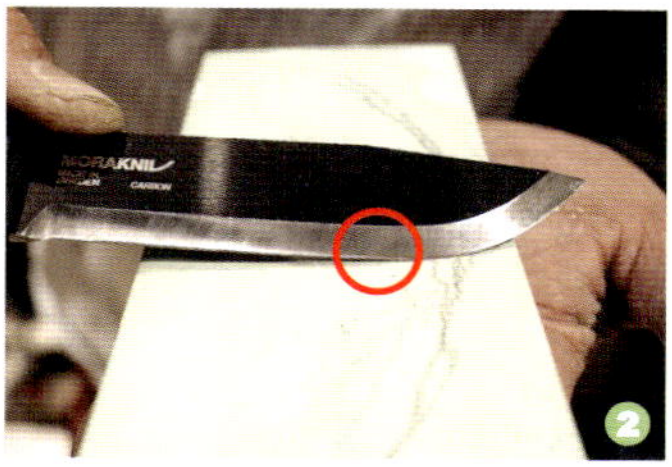

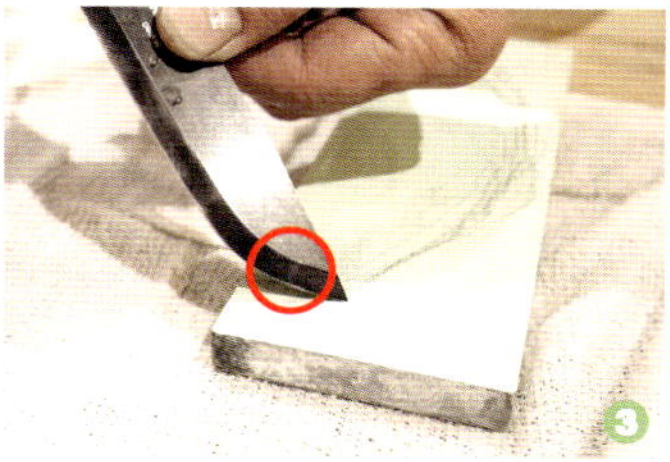

弧を描くように動かす

ナイフの先端だけを砥石にあてて、弧を描くようにナイフを動かしていく。動かしながらナイフの先端に向かっていくイメージ。先端にいくほどナイフを立てて、全体が同じ角度になるように心がける。

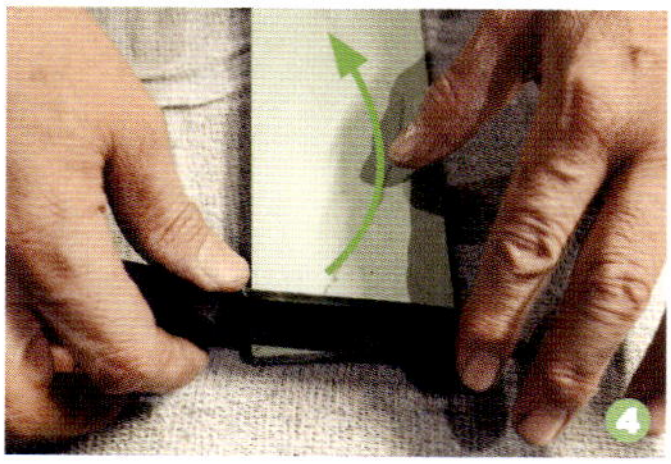

反対側を研ぐ

砥石の上を往復するように、ナイフを返して今度は手前側に動かしていく。先端（手前）にいくほどナイフを立てていく。

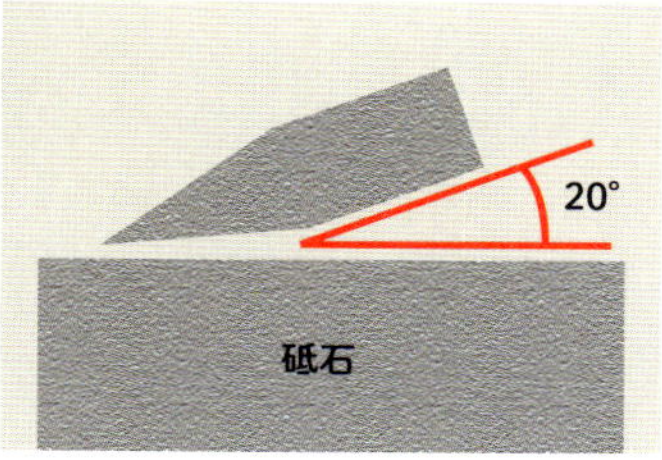

ナイフを研ぐ角度

ナイフの角度は18～20度、または20～25度くらいで研ぐ。砥石を切る（削ぐ）ように動かすことがポイント。繰り返し行って感覚をつかもう。

ナイフを研いでいくと反対側に刃先が返っていく（バリが出るという）。両方の面を同じ回数研いでいくことでバリはなくなっていくので、往復して同じ回数を研ぐようにしよう。

COLUMN 5

古代に学ぶ アウトドアの智恵

道具としてのナイフ

175万年前のハンドアックス（握斧）を博物館で見たことがある。石を打ち掻いて手で握る形に整形したもので、それまで、古代人は偶然に割れた鋭利な石を刃物として使っていたというくらいの認識だったのが、この石器を見たときに興奮を覚えた。非対称な三角形のそれは持ちやすそうな大きさで存在感がある。あきらかに意志をもって（石だけに笑）つくられたであろうデザインは、シンプルにして完成度が高いものだった。そしてなにより見た目が格好よい。それは単一な用途ではなく、尖った先端で突く、緩やかにカーブしたエッジで切る、突起を含んだ部分で叩く、底の丸さで潰す、とひとつの刃物が多機能に使われていたことが想像できた。

動物の皮を切りさいて肉を取り出し、骨を割って骨髄を食べた。こうして人類は常習的に肉食をすることができるようになった。脳の容積が大きくなったのも、肉食によってたんぱく質を豊富に摂取し、脳の消費するエネルギーを補うことができるようになったから。

その展示はガラスケースに入っていてぐるりと観察できるのだけど、自分の手をそれにかざして目的に応じてここをこのように持って使ったのだろうと想像するだけでも興奮する。175万年前の持ち主と気持ちが重なるような気がした。作り出した彼（？）もよもや日本の博物館に展示されて、こんなふうに眺められているとは夢にも思わなかっただろう。

ここから僕らは長い年月をかけて試行錯誤し、その知恵を集めて今のナイフに至っているのだ。手でナイフのグリップを握りこむたびにその記憶は蘇る。道具としてのナイフの原点だ。

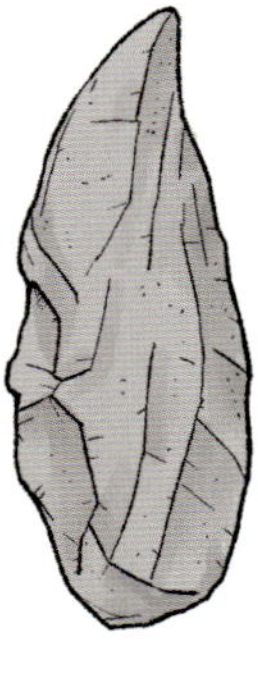

博物館ではある意味タイムマシーンで時空を飛ぶようなものと出合える。毎日がアウトドアだった時代に思いを馳せるのは楽しい。

PART 6

ウッドクラフト

自然の中で採取した木をナイフで加工して、生活に必要なものをつくり出せたらどれほど素敵だろう。素敵なことであると同時に、これは自身の生活力を試す訓練でもある。その場にあるものでなんでもつくれたら、どんな困難をも乗り越えられる自信も手に入るだろう。

ウッドクラフトの作業プロセスのイラストは、解説用のため素手で描いています。実際に作業する際は防刃手袋などを着用し、安全に配慮して作業してください。

ウッドクラフトに挑戦しよう

ナイフワークを身につけたら、さまざまなクラフトに挑戦してみよう。身の回りのものを自作できると、野外生活も豊かになる。

クラフトをする目的が「装備を減らすため」というのは極端だが、ナイフ1本でなんでもつくり出せることは、自信につながる。キャンプでの忘れ物はありがちな失敗だが、現地で手に入るもので代用できるスキルがあれば怖いものはない。

また、ナイフで何かをつくる作業というのは、不思議なほど没頭できるもので、野外での過ごし方としてもこれほど贅沢なものもない。必要なのはナイフスキルと創造力。材料を探すところからイメージを膨らませよう。完成のゴールを決めるのも自分次第。こだわりの作品をつくってみよう。

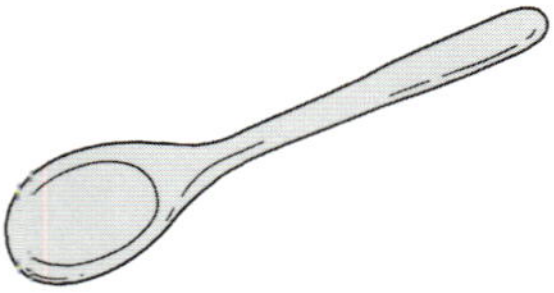

スプーン

スープなどをすくう“つぼ”の部分が難易度の高いスプーンづくり。スプーンがつくれるようになれば、大半のものがクラフト可能だ。

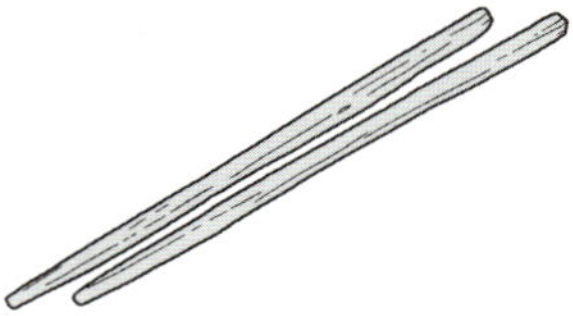

箸

ウッドクラフトは、箸にはじまり箸に終わるといわれるほど、シンプルでありながら奥が深いのが箸。木目を肌で感じてみよう。

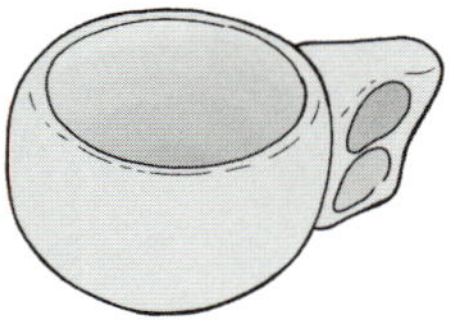

ククサ

北欧におけるマグカップがククサ。贈られた人は幸せになるという伝統工芸品だ。制作キットなどもあるので、練習するところからはじめてみよう。

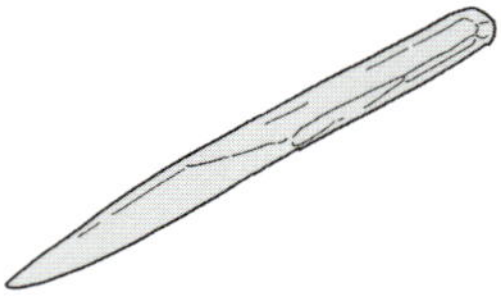

ペーパーナイフ

ナイフでナイフの模造品をつくる作業。ナイフの構造を理解するにも最適なクラフトだ。刃身を大きくすれば、バターナイフにも応用できる。

COLUMN

加工も入手も手軽な竹

竹は日本のどこにでも自生しており、見つけるのも簡単。加工もしやすいため、箸をつくったり丸みを利用して器をつくることも可能だ。竹で長めの串をつくればバーベキューにも活用できる。

木材のサイズを見立てる

つくりたいものをイメージして、必要なサイズの材料を探そう。森に入っても、最初はただの倒木や枯れ木にしか見えないものだが、慣れてくると、それらを加工しての完成形がイメージできるようになる。

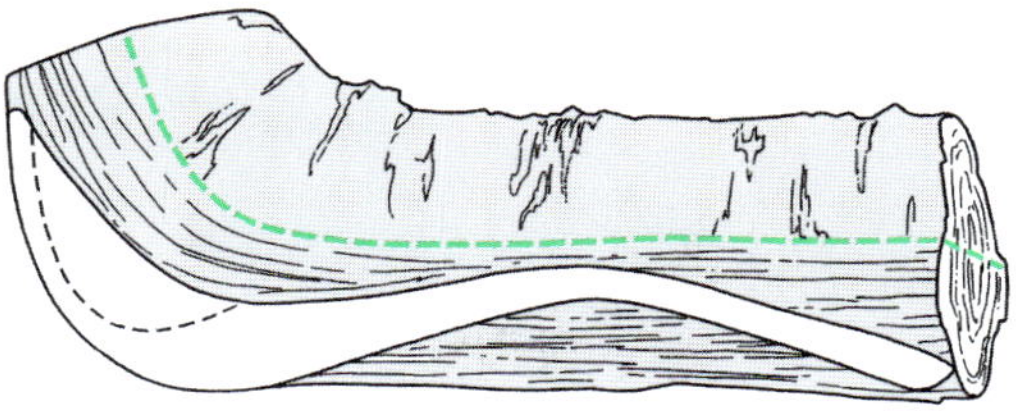

あらかじめ、スプーンをつくることがわかっている場合、カーブをそのまま活かせる材料が見つかると、作業効率もよくなる。創造力がカギだ。

木目も考慮しよう

木目は一定方向に入っているわけではなく、場所によってさまざまだ。慣れとともに削りながら感じとるしかないので、そのつど、木目に逆らわない削り方を駆使して作業しよう。木目に逆らうとケガもしやすい。

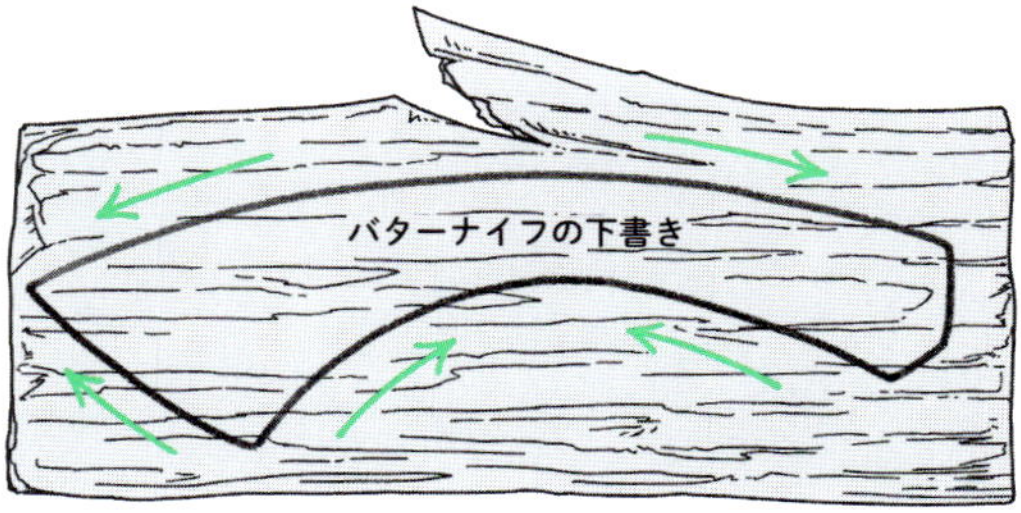

材料に鉛筆などで下書き（スミ入れ）をすると、どこをどの方向に削っていくべきか、おおよそ理解できる。木目に逆らわずに削れるよう位置どりしよう。

加工するのは生木がベスト

ウッドクラフトをする場合、乾燥した状態よりもできる限り生木に近い状態の材料で作業したい。購入した木材や倒木・枯れ木などを材料とする場合は、あらかじめ水に浸けておいて生木に近い状態にしよう。

入手した材が乾いた木であれば、1時間ほど水に浸けておく。

クラフト作業を一度休止する場合は、ビニール袋に入れるなどして密閉保存しておく。

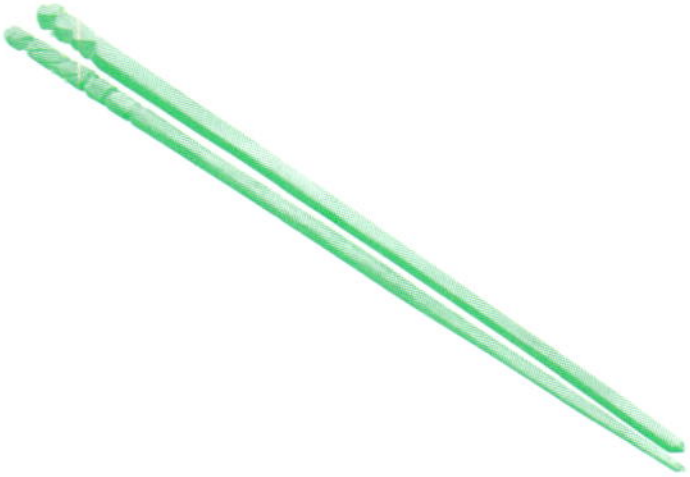

箸をつくる

まっすぐ削るだけなので簡単に思われがちだが、実際にやってみると木目の違いによって難しく感じるもの。まずは実践だ。

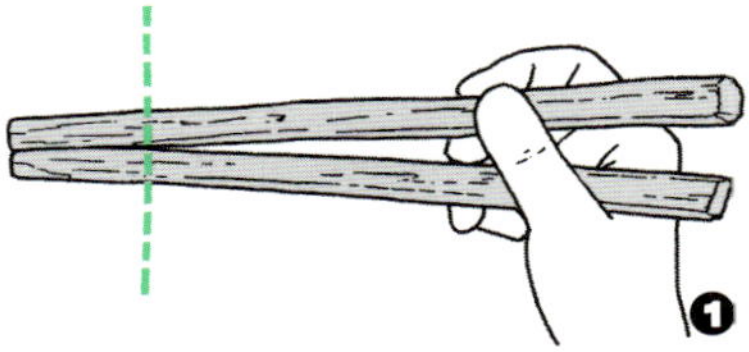

❶

バトニングでおおまかに2本にしたら、箸の持ち方で持ってみて、おおよその長さを決める。目安は中指の先から手首までの長さ。削る際は長さがあったほうが作業しやすいので、実際使用する長さに切るのは❹の後くらい。

ナイフでバトニングする ▸p120

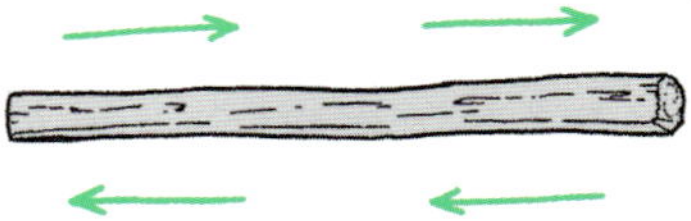

❷

木目を確認し、木目に沿って削る。わからなければ、一度削ってみて、スムーズに削れるか感触を確認してみる。

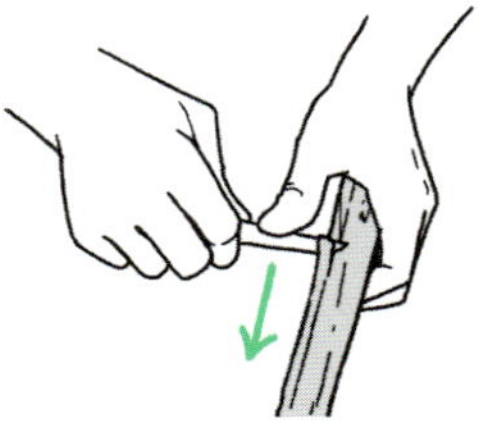

❸

大きく削って細くなりすぎないように慎重に削る。親指を添えて削るとコントロールしやすい。

順手で親指を添える ▸p117

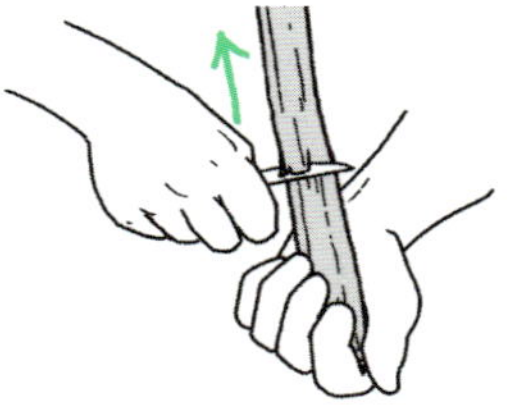

❹

木目が逆で削りにくい箇所は、材を持ち替えて手前に向かって削る。ナイフを持つ手は順手のままのほうがコントロールしやすい。

順手で手前に引く ▸p116

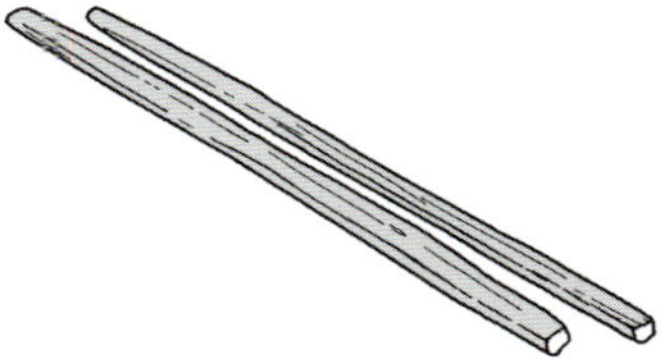

❺

1本が握りやすいサイズに削れたら、2本目も同じように削る。限りなく均一のサイズに揃えたいので、2本目ほど慎重に削る。

POINT

生木や材を水に浸けた場合は、一気に乾燥させないように注意。割れの原因になる。表面に乾燥を感じたら、クルミ油やえごま油など酸化しない油を適時塗布するとよい。

自分のナイフを木で再現しよう

ペーパーナイフをつくる

続いて、ペーパーナイフにチャレンジしてみよう！ 自分の持っているナイフと同じ形にしてみると愛着もひとしお。ブレードの構造理解にもつながる。

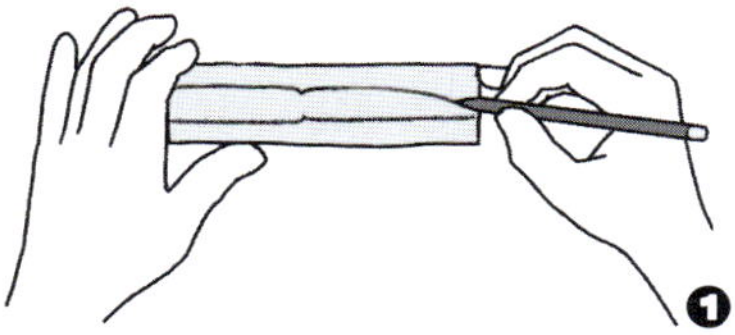

❶

131ページでも紹介したように、木目を考慮しながら、材に自分のナイフの形を下書きしていく。

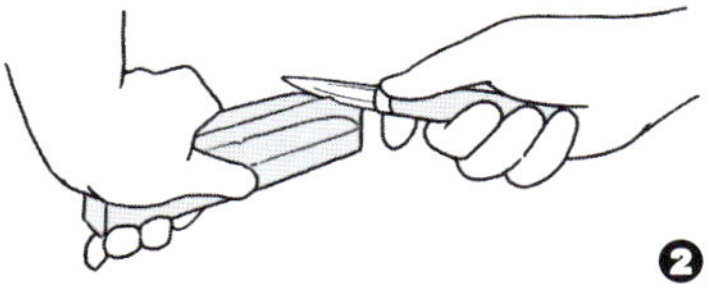

❷

下書きの線を越えて削らないように、おおまかに削っていく。アックスで行うと作業スピードが上がる。

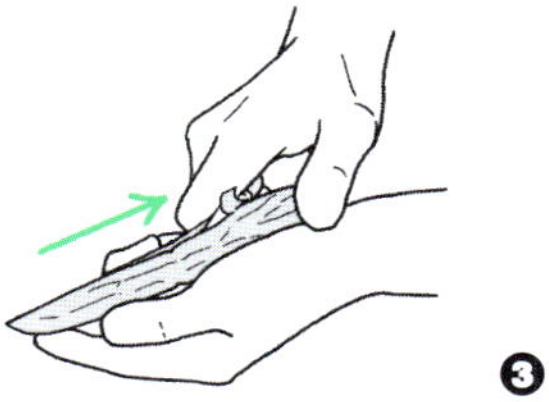

❸

下書きの線に沿ってナイフの形に削っていく。まずは木目に沿って削りやすい場所から。

順手で押し出す ▸p114

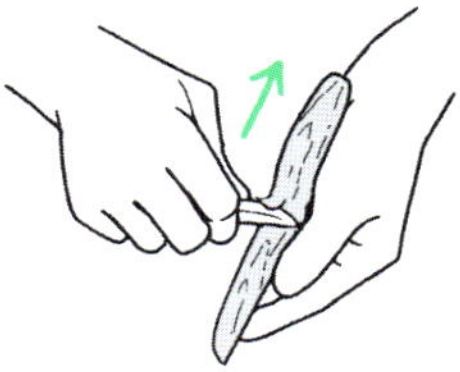

❹

箸と同様、木目に対して削りにくい部分は手前に引くように削っていく。

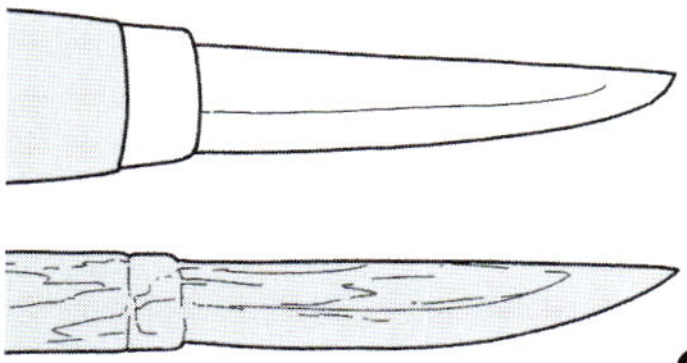

❺

自分のナイフのブレードと見比べて確認。ベベルの角度など、ナイフがどのように削られているか理解が深まる。

刃物のメンテナンス ▸p126

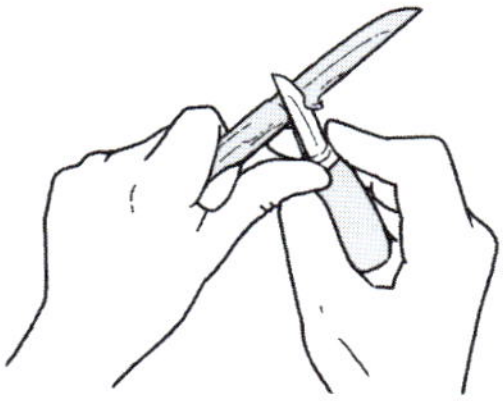

❻

ブレード部分は大きく削りすぎないよう、少しずつ薄く削っていく。薄くできたら調理時にパンケーキなどを返す際の木べらとしても使える。

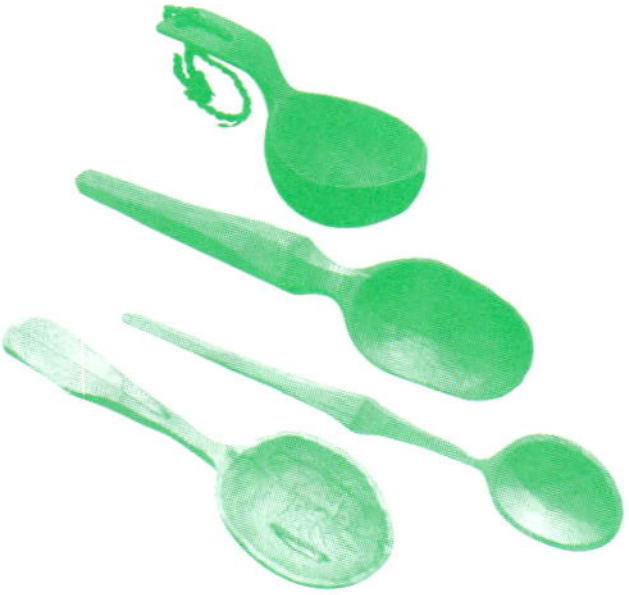

さまざまなカービングテクニックを駆使する

スプーンをつくる

制作過程でさまざまなテクニックが必要となるスプーン。ナイフで行うクラフトの技術を結集させよう。アックスや窪みを削れるフックナイフがあると便利。

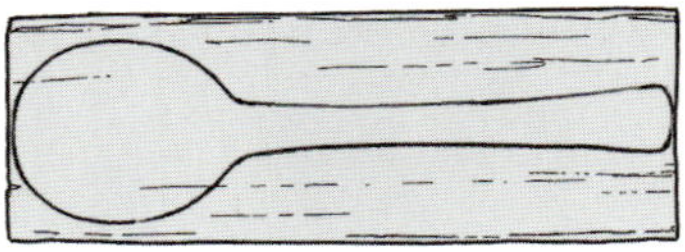

❶

133ページのペーパーナイフと同じように、材に下書きをする。

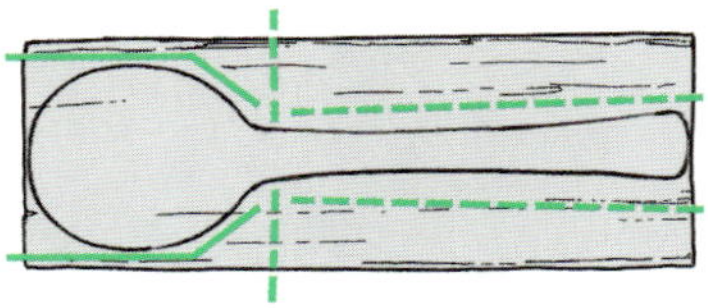

❷

首の部分に向けて、両側からノコギリで切り込みを入れる。ここがストッパーとなるので、バトニングをしてもスプーン部分は材に残る。

ナイフでバトニングする ▸p120

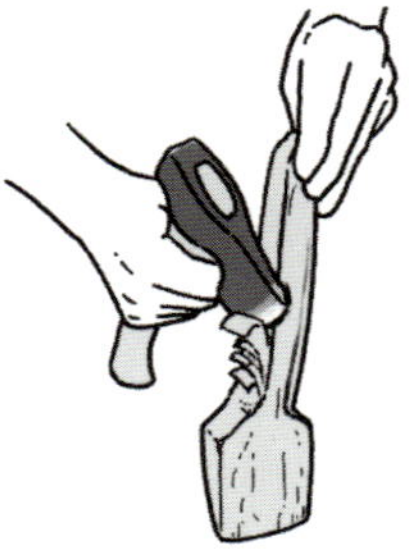

❸

バトニングしたほうが作業がはやいが、アックスで削り落としていくことでも作業を短縮できる。切り込みに向かって削っていこう。

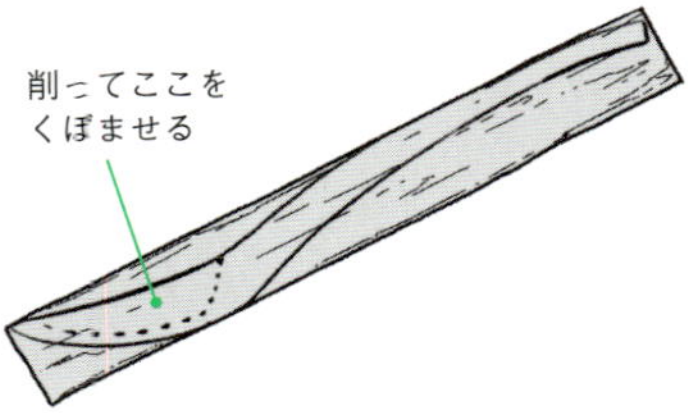

❹

スプーンの場合、側面にも下書きを。持ち手からまっすぐなものより、すくう部分が下がっているほうが使いやすい。

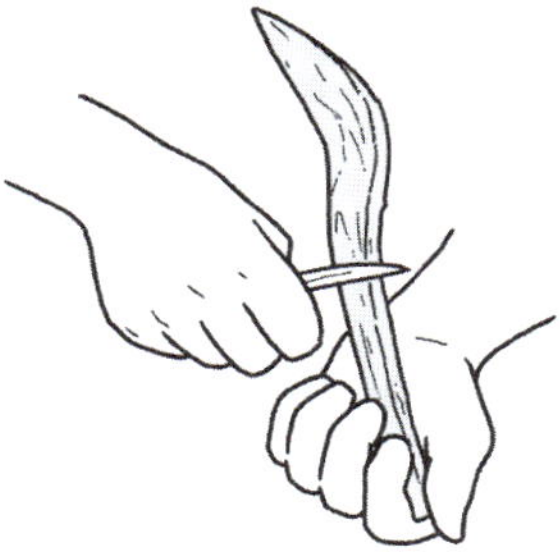

❺

おおよそ下書きの線まで削れたら、ここからはナイフで作業。下書きからはみ出ないように慎重に削っていこう。木目を感じながら刃の向きを決める。

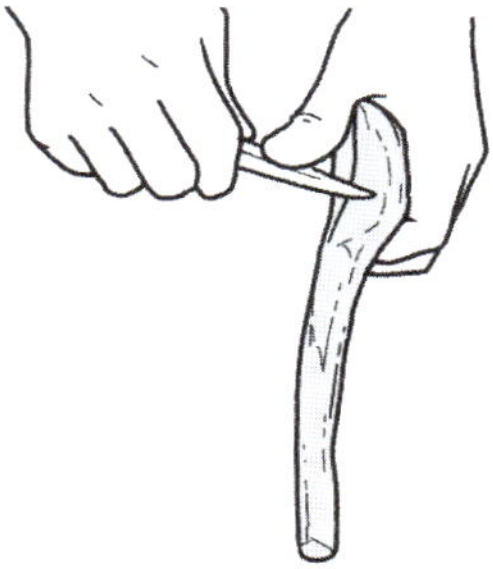

❻

スプーンのつぼ部分の輪郭を下書きのラインに沿って削っていく。削りすぎたりしないよう、なるべく木目に逆らわずに削っていきたい。

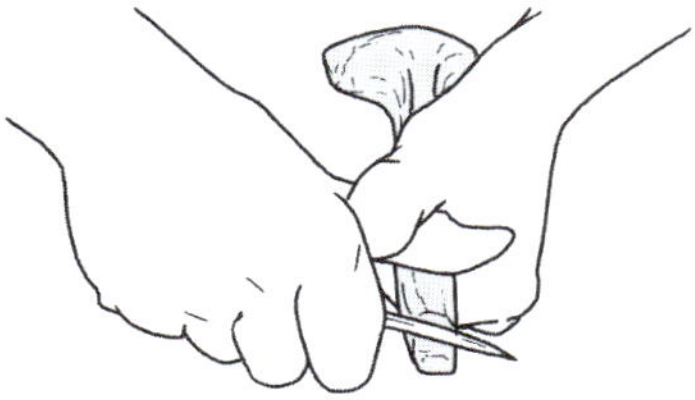

❼

スプーンの持ち手となる部分を削る。不要な部分は大きく削っていき、完成状態に近づいてきたら親指を添えて慎重に削る。

順手で親指を添える ▶p117

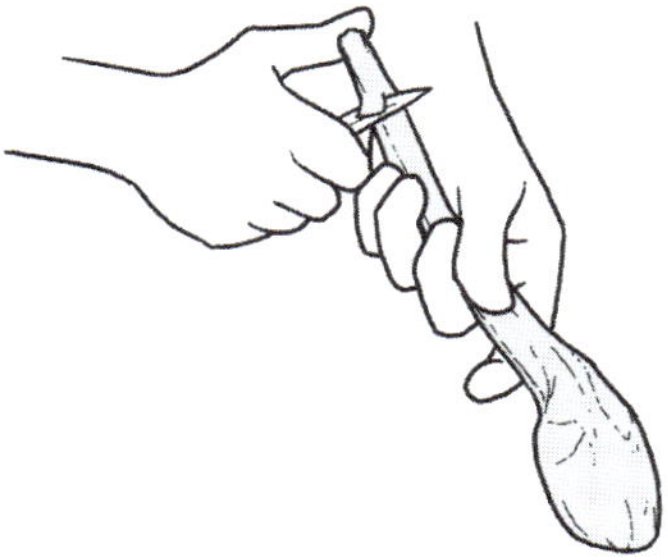

❽

木目が手前に向いていて短く削りにくい部分は、ナイフを親指以外の4本の指で握り、親指で材をナイフに押すように細かく動かすと削りやすい。

COLUMN

フックナイフが便利

スプーンのように窪みを削るクラフトの場合、直線的なナイフではなかなか作業がしにくい。木工用のフックナイフは、そうした場面で力を発揮する専用ナイフだ。両刃、片刃と種類もあるので、使いやすさで選択しよう。

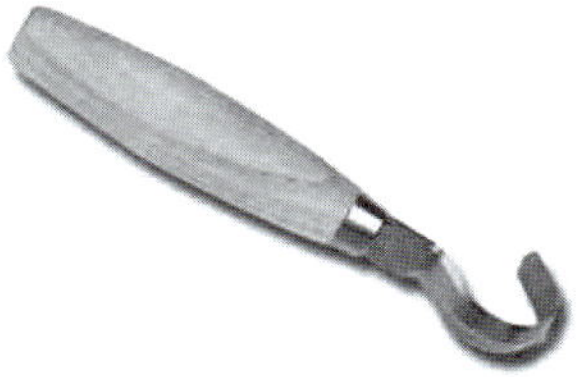

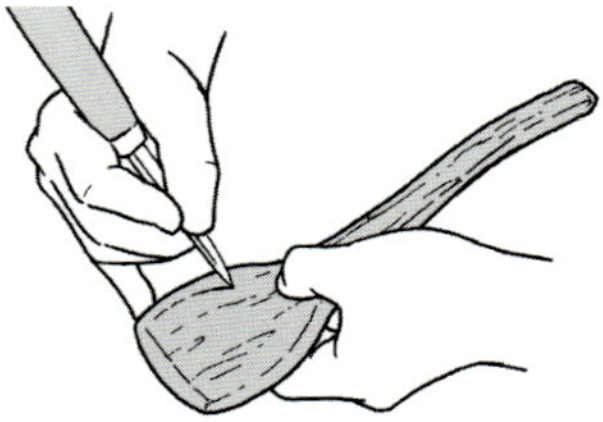

❾

つぼ部分を削る。ナイフの先端を使って、材を回転させながら徐々に窪みを削っていく。

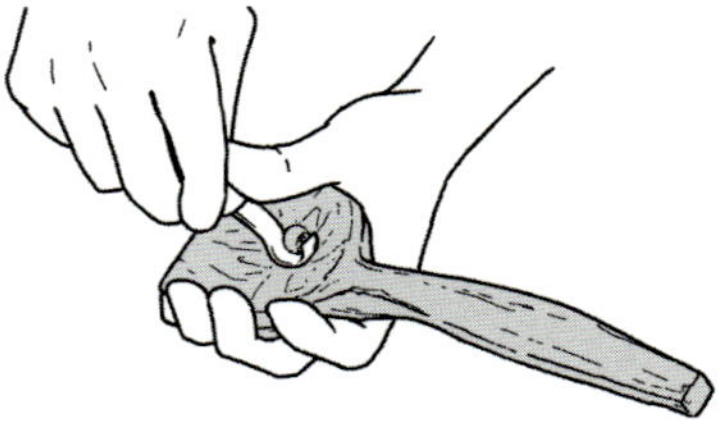

❿

窪みを深く削りたい場合は、ナイフでは限界がある。フックナイフを使うとより深い窪みを彫ることが可能だ。

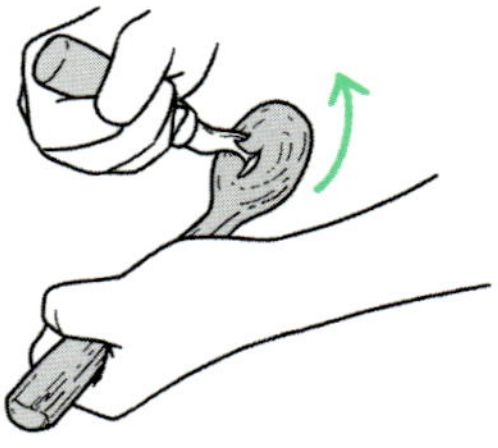

⓫

縁を残してフックナイフで削っていく。削りすぎてしまうと穴が開いて台無しに。削りながらも厚みを確認しつつ、慎重に作業を進める。

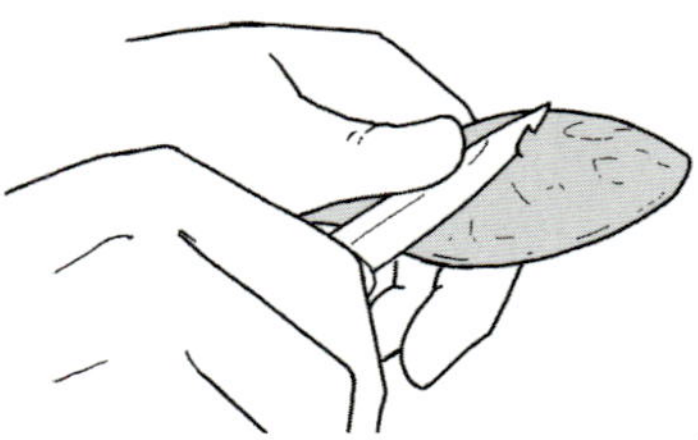

⓬

窪みの反対側の形を整えていく。あくまで形を整えるのみで、大きく削らないように、親指を添えて慎重に削っていく。

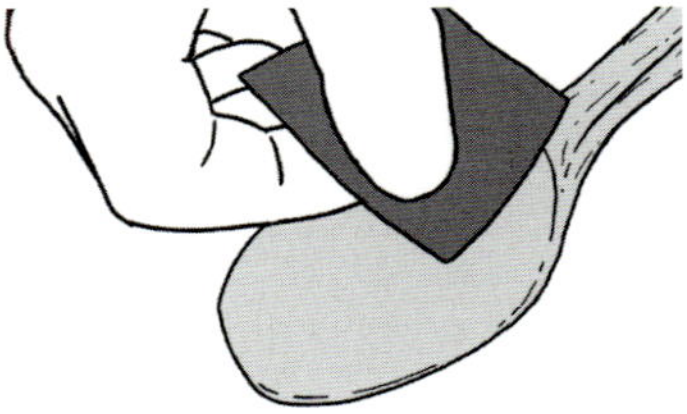

⓭

ナイフで形ができあがったら、紙ヤスリを使って削りとった全体の木地を整える。スプーンの先端とつぼ部分は特に丁寧に磨くこと。

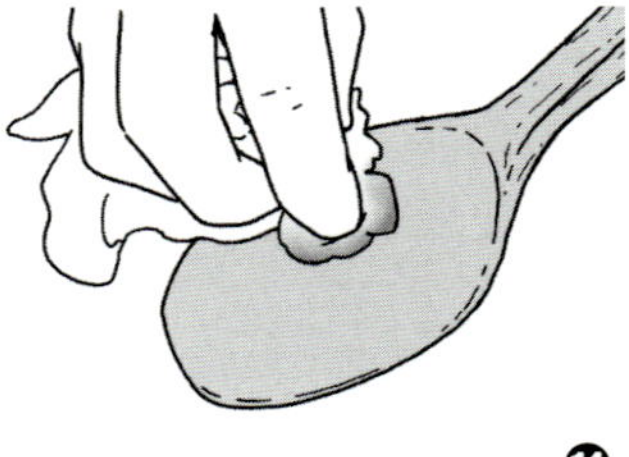

⓮

薄い布などに食用のクルミの実を入れて叩いて割り、その油をスプーン全体にこすりつけるように塗る。これが、木の補強や防水効果になる。

スプーンの応用でできる

フォークをつくる

つくり方はスプーンとほぼ同じ。先端を尖らせるためにスプーンよりも繊細な作業が必要となるため、より慎重に削っていこう。

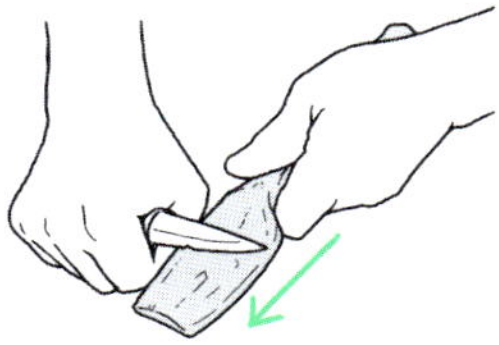

❶

スプーンのつくり方の❹までは同じ作業。おおよその形まで仕上がったら、ナイフで形を成型していく。スプーンよりも先端を四角く残しておく。

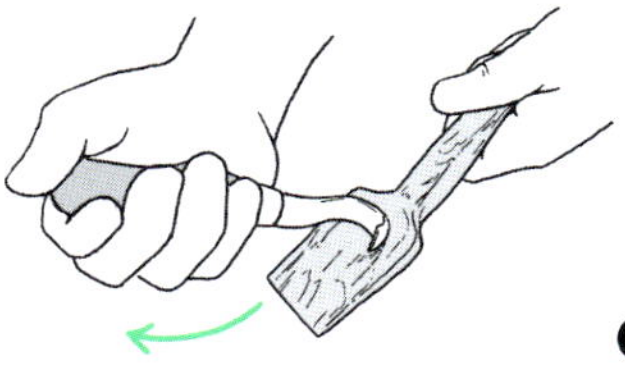

❷

刺すだけのフォークではなく、先割れスプーンに近い形状にするなら、先端が四角い形状のまま窪みを削っていく。

❸

窪みが削れたら、先端をナイフで削る。先に先端に三角（つめ）の下書きをしておくと作業がしやすい。丸太などを土台にして、削りながらナイフを押し当てていく。

❹

三角の1辺を削ったら、もう1辺を削ってつめの数だけ材を三角状に削り落としていく。

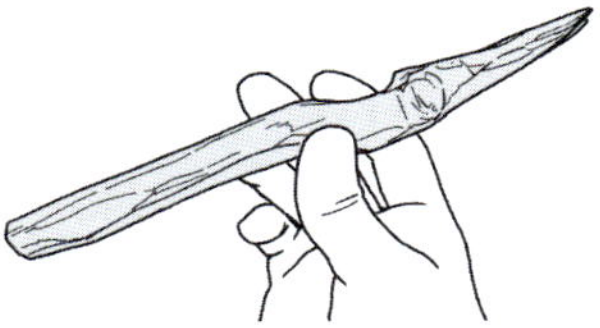

❺

スプーンと同じように、横からの形状も確認。持ち手よりも先端部分が下がっているほうが、食事をするには使い勝手がよい。

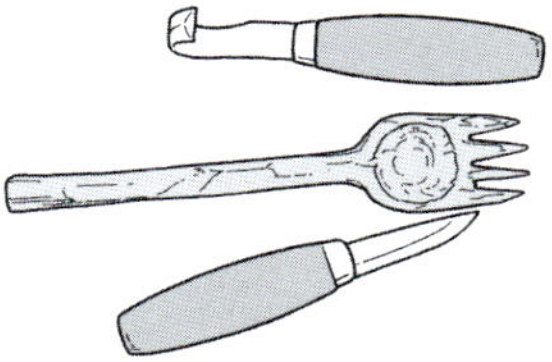

❻

仕上げはスプーンの⓭⓮と同じ。ナイフで削った跡を残すのも味わいになるので、紙ヤスリでの木地の整えはほどほどに。材同士で磨く程度でもよい。

ナイフのシースをつくる

包丁や海外製のクラフトナイフには専用のケースのないものもあるので、自作してしまおう。既製品のケースよりも愛着のある1本となる。

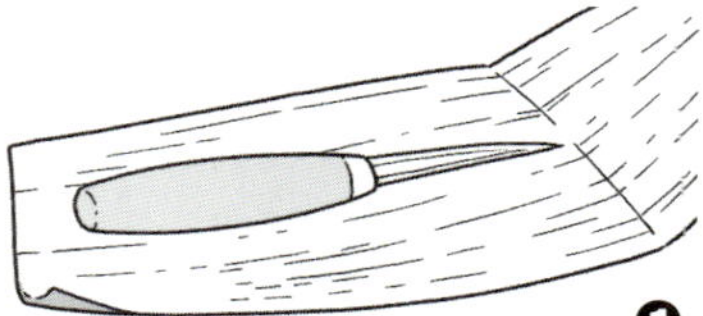

❶

おにぎりなどを包むために売られている竹の皮。これを半分に折ってナイフを置き、ブレードのサイズを測る。

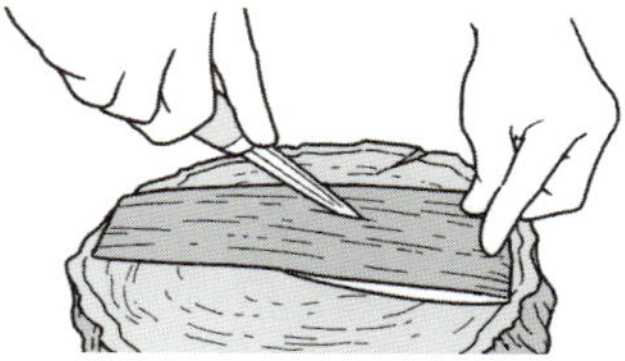

❷

ブレードより大きめのサイズとして、竹の皮をナイフでカットしていく。はさみがあるとより作業しやすい。

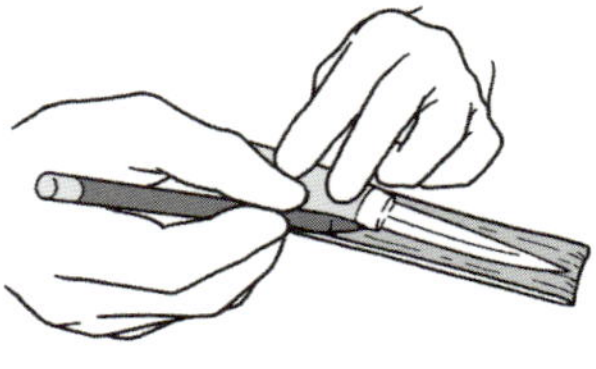

❸

❷で幅を合わせた状態。再度ナイフを置いて、ブレードの長さのところにペンで印をつけて竹皮をカットする。

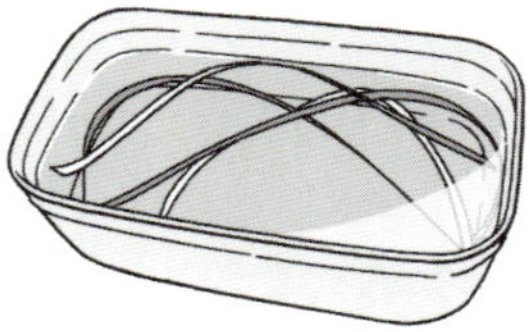

❹

❷で切り落とした余分の竹皮を5mmくらい細長く切って、水に浸けておく。これが結ぶときのひもになる。

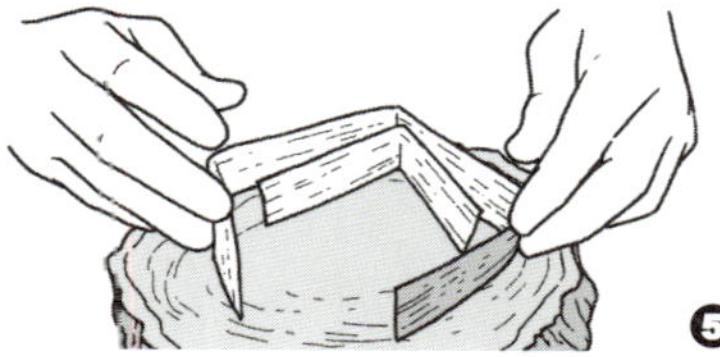

❺

❸でケース用に切った竹皮を、ナイフをはさむように折り畳む。ケースより少し短めの竹皮を1枚入れておくと補強できる。

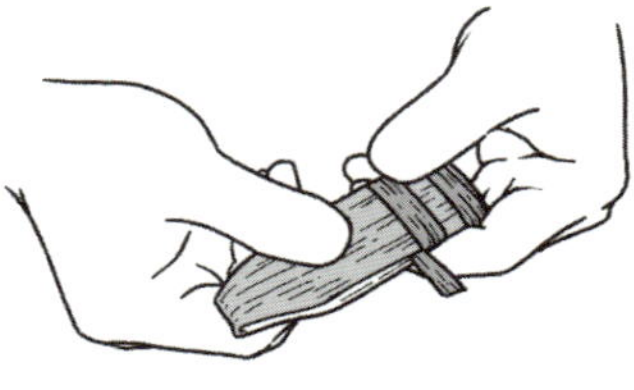

❻

❹で浸けておいた竹皮のひもを、ケースの外側に交互に通して結ぶ。ひもが足りなくなったらカットして、新しいひもを継ぎ足して巻いていく。

忘れ物の代名詞

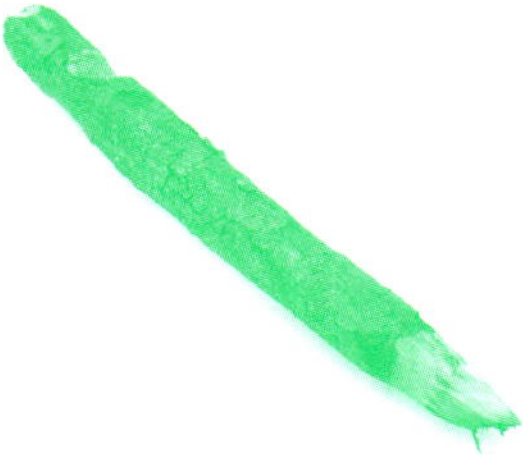

ペグをつくる

テントやタープを設営するにはマストアイテムなペグを忘れたときは、ダメージが大きい。しかし、自作できてしまえば何ら問題ない。

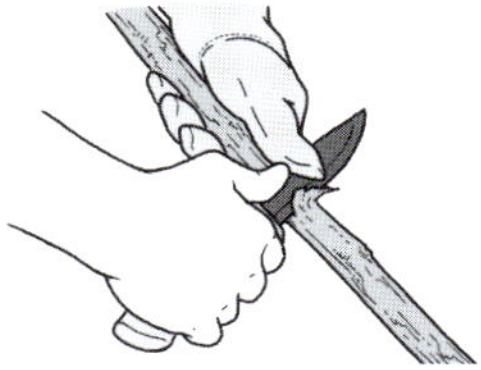

❶

直径2～3cmほどのすぐ折れなさそうな木を採取。ペグにしたい長さを決めて、ナイフでぐるりと一周切り込みを入れて、切り落とす。

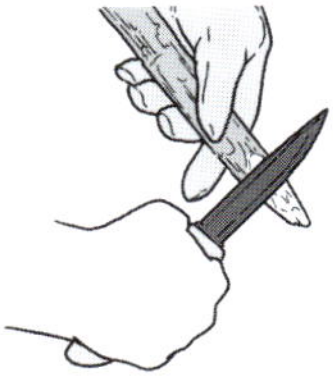

❷

❶の切り方にすると、先が尖った状態で切り落とせるのでその後の作業が楽。地面に刺しやすいように、さらに先を尖らせる。

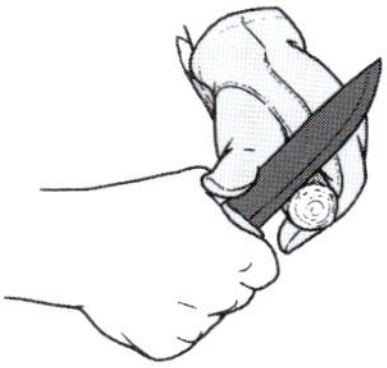

❸

ハンマーで打ちやすいように、ペグとなる木の頭をナイフで平らに整える。

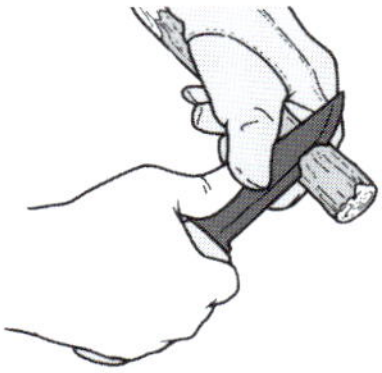

❹

ナイフでノッチ(切り込み)をつくる。ペグの頭に向かって、ナイフで斜めに切り込みを入れる。

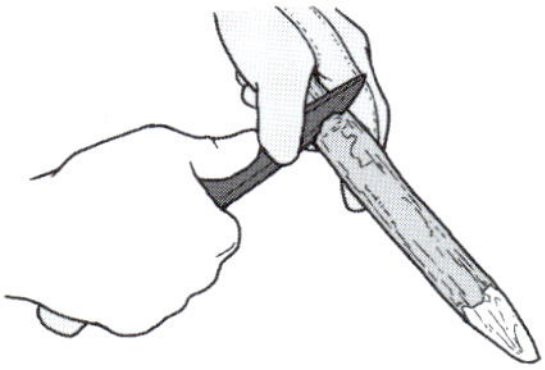

❺

ペグを持ち替えて、❹で入れた斜めの切り込みに対して垂直に切り込みを入れて、ロープを引っかける凹みをつくる。

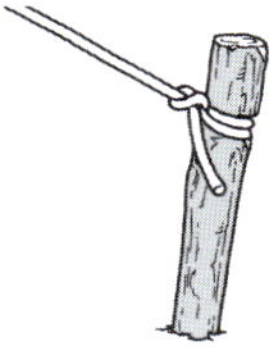

❻

❺でできた凹みにロープを巻き結びで固定する。同じものを3本つくって地面に打ちつければ、簡易のトライポッドになり、ケトルなどでお湯が沸かせる。

北欧に学ぶ COLUMN 6 アウトドアの智恵

雨の日の木工細工

北極圏の原野でキャンプしたときに焚き火をしようと薪拾いをしている最中、一本の棒に目がとまった。とても細やかな彫りの細工がされていて、つくられてからまだあまり時間が経っているものではなかった。とても燃やす気にはなれないものだったので、壊れないように空のボトルのなかに入れて持ち帰った。家に帰ってからじっくりと眺めてみたが、数珠のように連続したくびれをもち極細に穴もあけてある。なにか人の執念のようなものを感じて呪術的なものではないことを祈った（なにせ連れ帰ってるから〈笑〉）。しばらくしてスウェーデンから来日した木工作家にその棒を見てもらった。

彼が言うには「これをつくった人は相当のテクニックの持ち主だね。たぶん君と同じ場所でキャンプをしていて、雨でも降ってテントの中に閉じ込められたんじゃないかな。持て余した時間をつぶすのにそのあたりに落ちてる木を削ったんだと思うよ」とのこと。僕もときどきそんなことがある。

「ほら、木の枝の分かれ目やくぼみを蛇に見立ててつくったようだよ。天気がよくなったから、ポイと捨てて出発したんだ」。まるで見ていたかのような彼の洞察力に驚いた。確かに蛇に見えなくもない。なるほど、必要にかられて何かをつくるだけでなく、こんな風にナイフを使って暇つぶしをしたりするんだ。完成したものに特別の執着もない。かっこいいな、こういうの。もちろんこの棒は今でも僕の宝物だ。

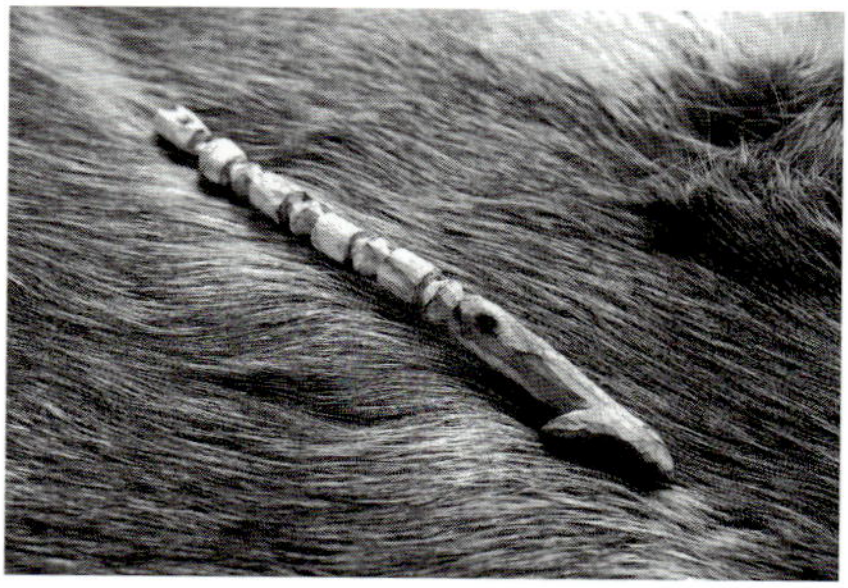

削られた痕跡はテクニックであるとともに削り手の時間そのものだ。写真手前側が大きく口を開けた蛇のよう。これをポイと捨てていくのだろうか……。

PART 7

ロープワーク

野外で拠点をつくるとき、ロープワークを身につけておくと便利なことこの上ない。さまざまな結びを覚えて、工夫をこらして住空間を設《しつら》えよう。ここでは野外生活はもちろん、日常生活でも役立つものから、緊急時に使えるロープワークも紹介している。

ロープの種類と構造

アウトドアシーンにおいてロープは切っても切れない存在。まずは、普段何気なく使っているロープの構造や特徴を理解しよう。

ロープには天然繊維系と化学繊維系のものがあり、編み方によっても種類が分かれる。ナイロンやポリエステルなど、強度の高い化学繊維が一般的に使われているが、麻ひもやコットンなど天然繊維系ロープも、さまざまな場面で活躍する。ロープ選びはキャンプ、登山、ラフティングなどのアウトドアシーンにおいて、その用途と環境に合わせて吟味することが重要だ。タープやテントの設営以外に、ときには命を預けることにもなるロープワークの基本はしっかりとおさえておきたいテーマである。

主なロープの種類

ナイロンロープ

化学繊維でできたロープ。強度が強く、クライミングロープやアスレチックにも使用される。用途によって太さはさまざまで、重量のある荷物を運ぶときなどに活用しやすい。

パラシュートコード

その名の通り、パラシュート用のコードとして元々は使われていたが、軽量で使い勝手がよく、アウトドアシーンではテントやタープのロープとして多用する。素材はナイロン製が主流。予備として数m分か持っていると安心。

麻ひも

ホームセンターや100円ショップなどでも手に入りやすい麻素材でつくられたひも。細かなものを縛ったりもするが、解いて着火剤として活用することができる。

麻ひもで着火する ▸p067

ロープの構造

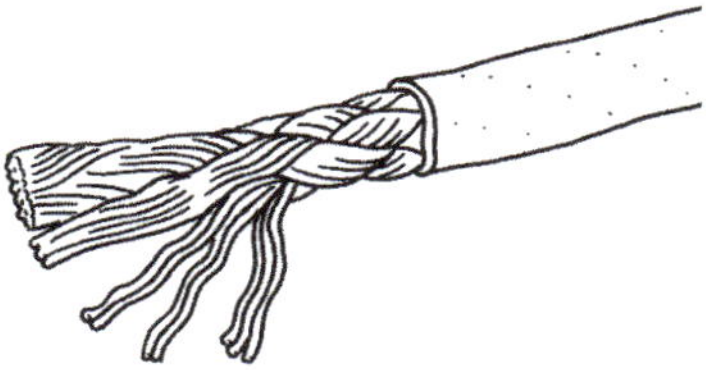

編みロープ

糸やストランドを編み込んで1本のロープにしたもの。一般的には、芯となるストランドの周りを、編んださやで覆った丸編みロープが主流。形崩れしにくいが、伸びやすいのが特徴。

三つ縒《よ》りロープ

糸（ファイバー）を縒って つくった3本のストランド（糸を縒り合わせたもの）をまた縒って1本のロープにしたもので、強度が高くなる編み方。束ねるときは、縒り目の方向に合わせて巻くと形崩れしにくい。

- 地面に置かない
- 踏まない
- 濡らさない
- 熱源の近くで使わない
- 負担をかけ過ぎない
- こまめに点検する

ロープの取り扱い注意点

ロープはあくまで消耗品。摩擦などによって表面が傷ついて劣化しているものは取り替えるようにしよう。ロープを踏んだり、地面に置いたままにすると繊維内に小石が入ってロープを傷つける恐れがあるほか、水に濡れるのも劣化の原因となる。また、化学繊維のロープは熱に弱いので、焚き火の近くでの使用は控えるように。安全使用基準を守り、なるべく急激な負荷をかけ過ぎないように使用しよう。

COLUMN

ロープのほつれを防いで長持ちさせる

野外では、ロープを適当な長さに切って使用することが多い。ナイフなどでロープを切り出した場合、切り口のほつれ留めは必須となる。素材や太さ、構造によって適したほつれ留めをしよう。

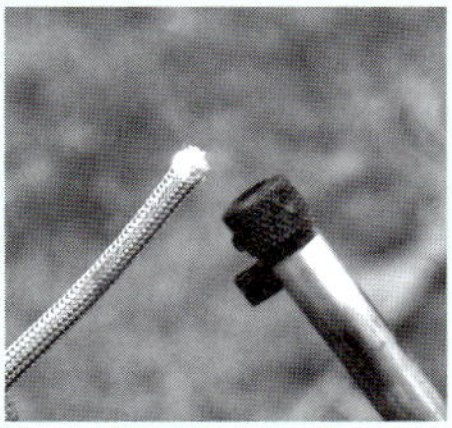

ナイロン製のパラシュートコードなどは、切り口をライターなどで炙っておくとほつれにくくなる。

細めのロープの場合は粘着テープをロープの端に巻きつけ、ハサミで切る簡易的な方法もある。

ロープのまとめ方

ロープは絡まったりよじれると劣化の原因になる。長さや太さを合わせて、きれいにまとめて保管するようにしよう。

短いロープのまとめ方

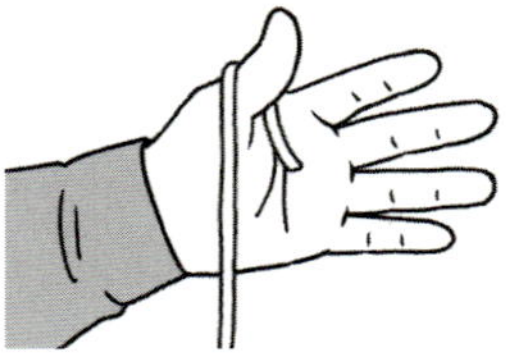

❶

ロープの端を親指の後ろから回して挟むように持つ。

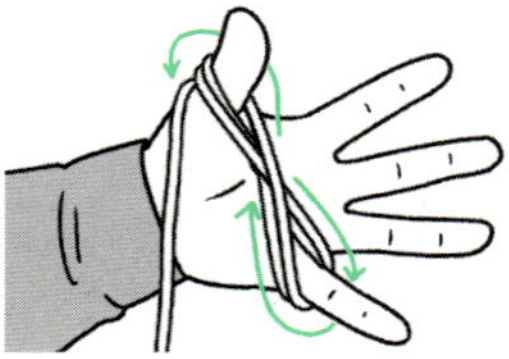

❷

残りのロープを薬指と小指の間に通し、親指の後ろに回して8の字を描くように巻きつけていく。

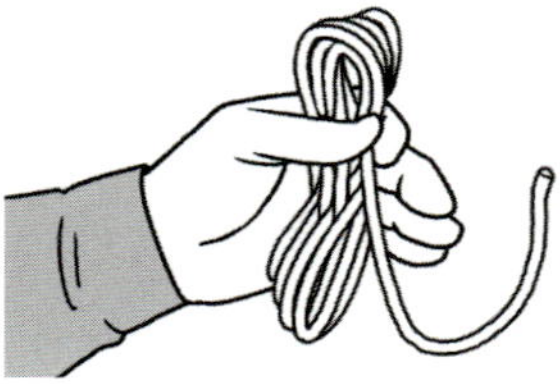

❸

最後に束ねる分のロープの端を残す。8の字の交差した中心の束をおさえながら手から外す。

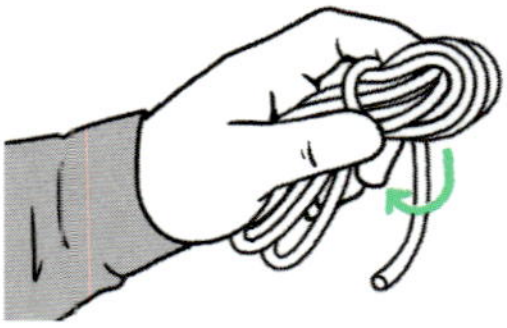

❹

残したロープの端を束の中心に巻きつける。

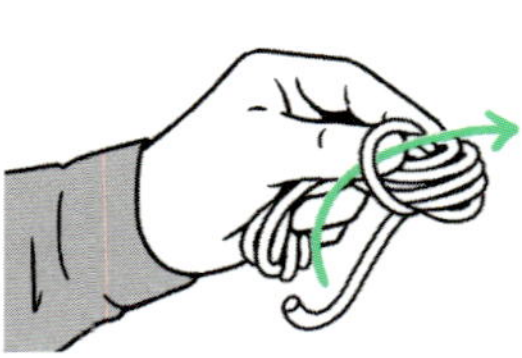

❺

巻きつけ終わりの最後1周に親指を挟み、ロープの端を内側から隙間に通す。

❻

ロープの端をゆるまないようにしっかりと引っ張り完成。

長いロープのまとめ方

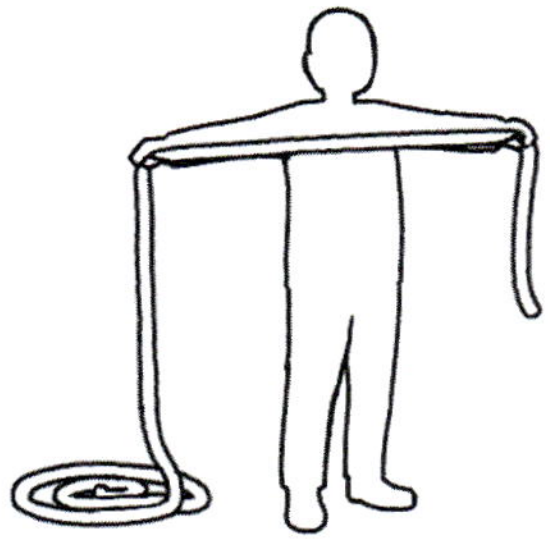

❶

左手にロープの端を余らせながら持ち、両腕を広げて立つ。

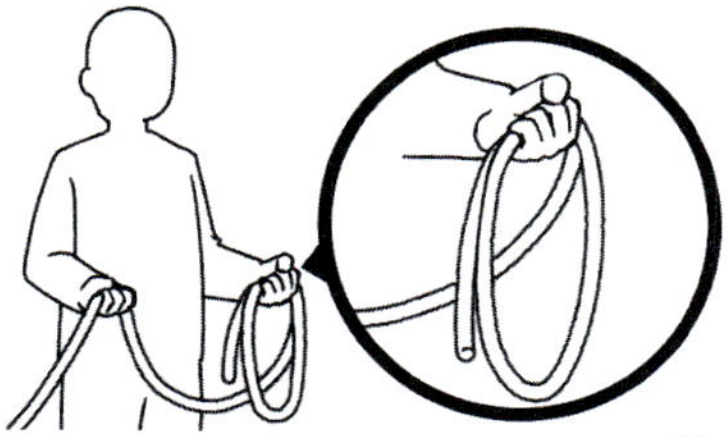

❷

右手に持ったロープで左手に輪をつくる。

❸

ロープがねじれたり、たるまないように、また両腕を広げる。これを繰り返して輪をつくってロープをまとめる。

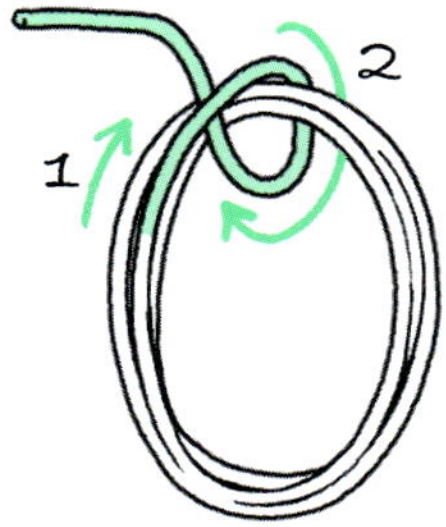

❹

最初に余らせていたロープの端を、まとめた束に1周巻きつける。

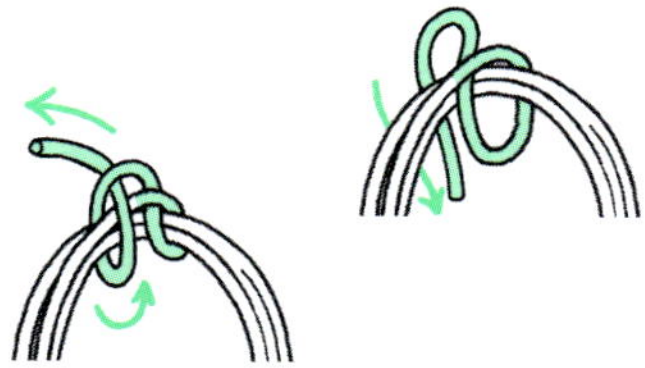

❺

❹の反対側からもう一度巻きつけ、ロープの端を巻きつけた輪の中を通す。締め上げて完成。

少し長めのロープはひじを使う

長めのロープをまとめるときは、144ページの❶のようにロープの端を親指で挟み、曲げたひじと親指のつけ根にロープを巻く。巻き終わりは❹〜❻のように中心を束ねる。

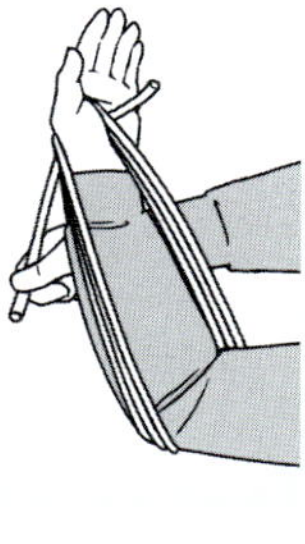

ボーラインノット（もやい結び）

こんなときに…
- ロープを木に固定するとき
- すぐ解きたいとき

木と木の間にロープを結び、物干し用などに活用できる結び方。タープなど負荷をかけるシーンには適さないが、さっとできる定番結びのひとつ。

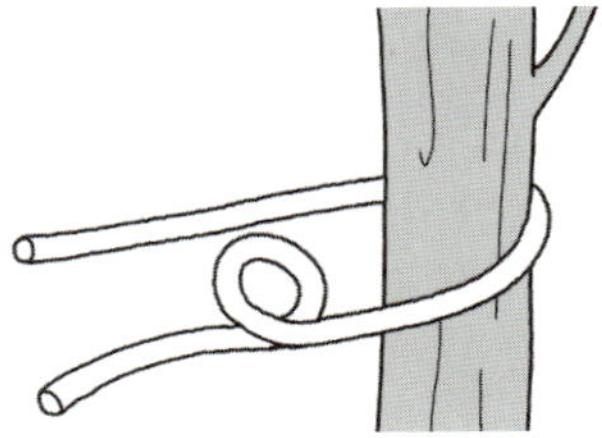

❶

ロープを木に回し、右側の端を少し余らせた状態で途中に輪をつくる。

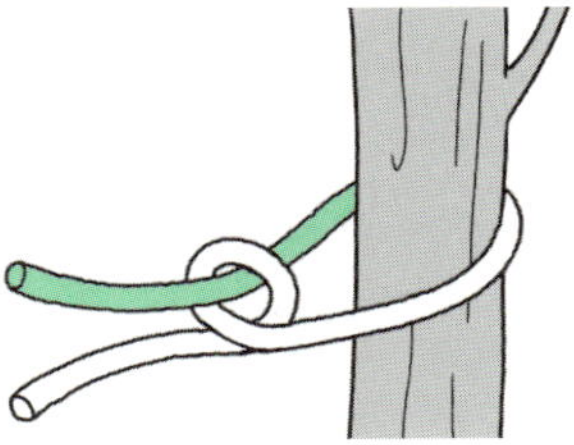

❷

ロープの左側を❶の輪の中に通す。

❸

❷で通した左端を右側のロープの下に通す。

❹

右端のロープの下をくぐらせて輪の中に左側のロープを通す。

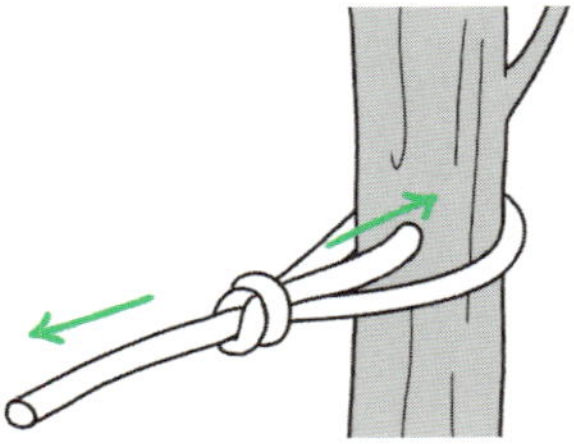

❺

❹の端と、右側のロープを反対方向に引っ張り、結び目を締めて完成。

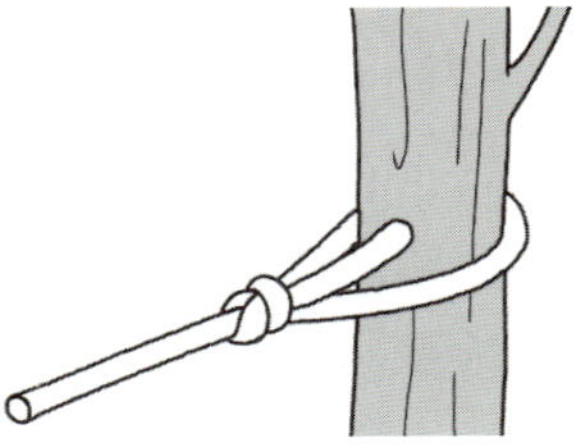

❻

結び目がしっかり固く締まったら完成。ボーラインは結び目が動かないので、木と輪の間にゆとりができる。

クローブ・ヒッチ（巻き結び）& ハーフ・ヒッチ（ひと結び）

こんなときに…
- ・ロープを木に固定するとき
- ・結び目の強度を高めたいとき

クローブ・ヒッチは比較的解きやすいので簡易的に巻きつけるときに活用できる。ロープが長いときは、最初に木に巻きつける回数を増やして調整する。

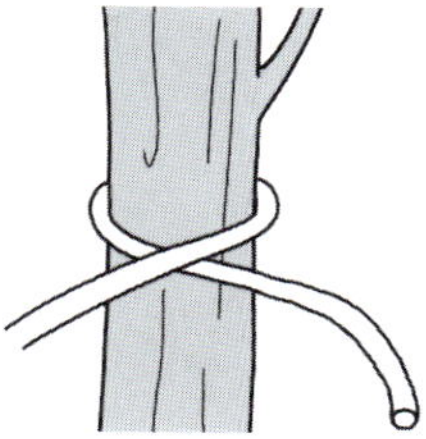

❶

ロープを木に回し、右側にくるロープが下にくるように手前でクロスさせる。

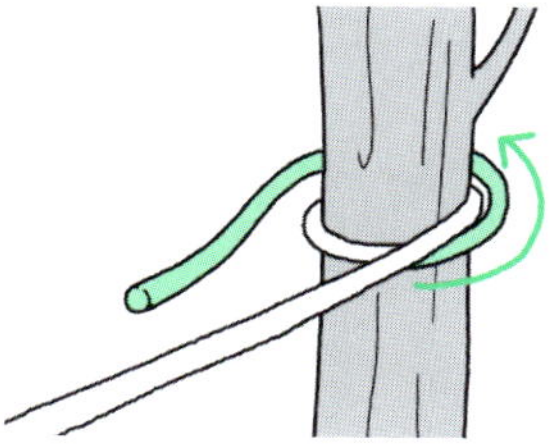

❷

そのまま右側にきたロープを木に1周巻く（長いときは複数回巻く）。

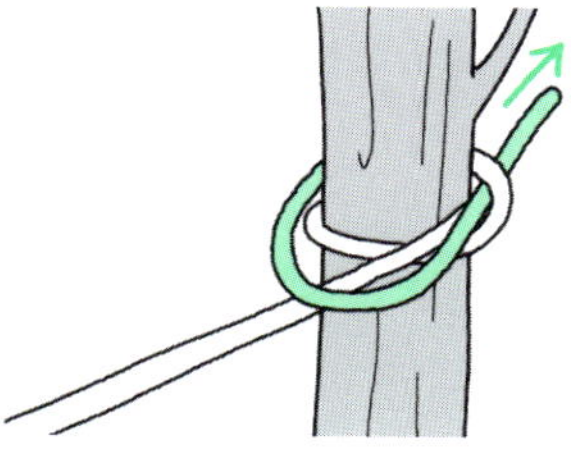

❸

❷の巻いた隙間にロープの端を通して引っ張り結ぶ（クローブ・ヒッチの完成）。

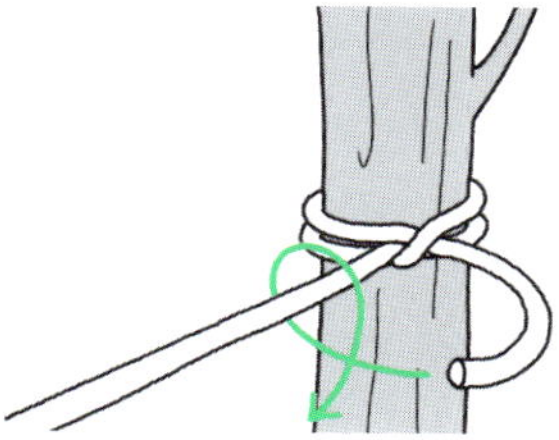

❹

縛った右のロープの端を、左のロープの下をくぐらせて1周巻いて結ぶ。

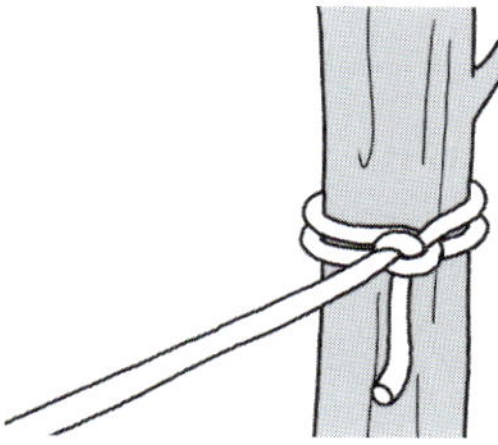

❺

❹の結び目までロープを締める（ハーフ・ヒッチの完成）。

ハーフ・ヒッチを2回結んで強度を上げる

❹～❺のハーフ・ヒッチをもう一度するとより解けにくくすることができる（ツー・ハーフ・ヒッチ）。重いものをかけたりするときには活用したい。

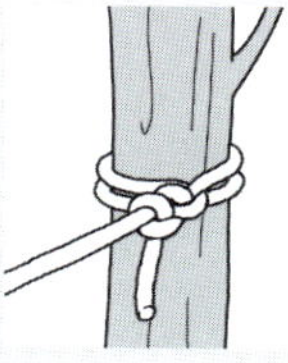

グローブをしたままできる

スカンジナビアン・ヒッチ

こんなときに…

・冬キャンプでロープを木に固定するとき

防寒だけでなく、ロープの摩擦から手を守るためにグローブをしたままの作業が本来は最も安全。ここではグローブをしたままサッとできる結びを紹介。

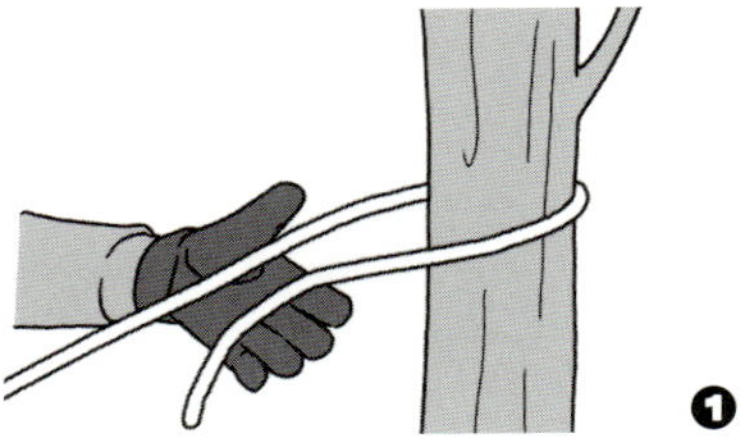

ロープを木に回し、右側にくるロープが短くなるようにして、左手の手のひらに乗せる。

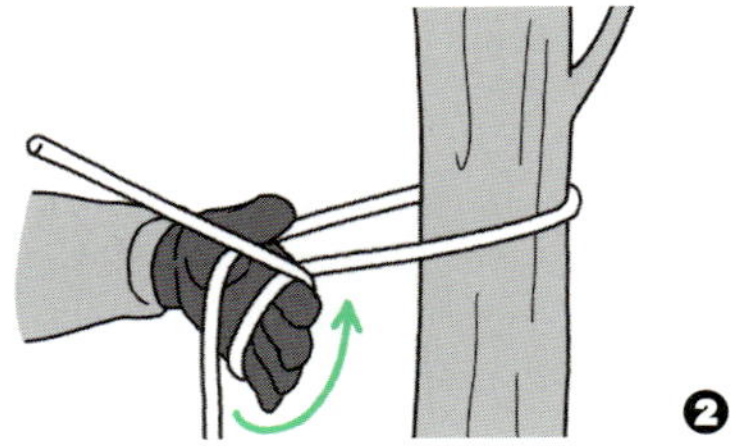

右側のロープを手のひらに1周巻きつける。

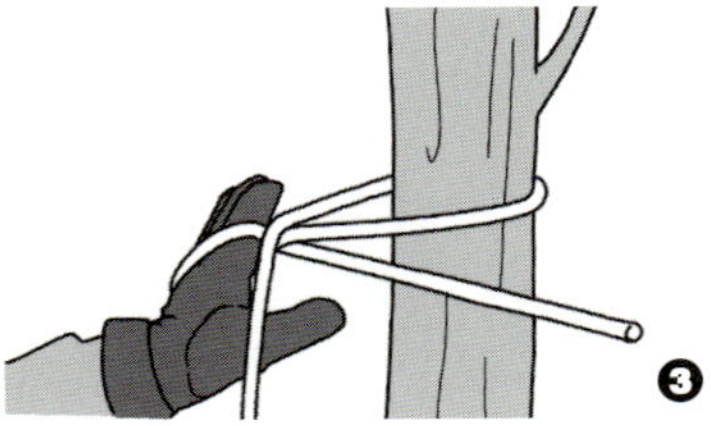

右手で右側のロープを持ちながら左手の甲を自分に向ける。ロープが交差した位置に左側にあったロープが垂れるようにする。

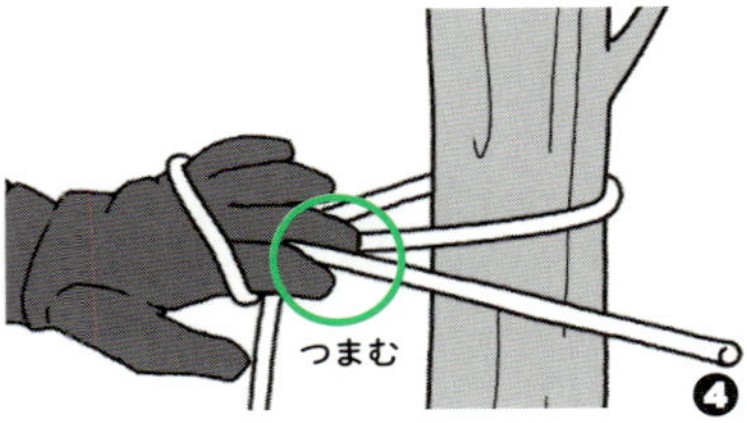

左手の人さし指と中指で右手に持っていたロープをつまむ。

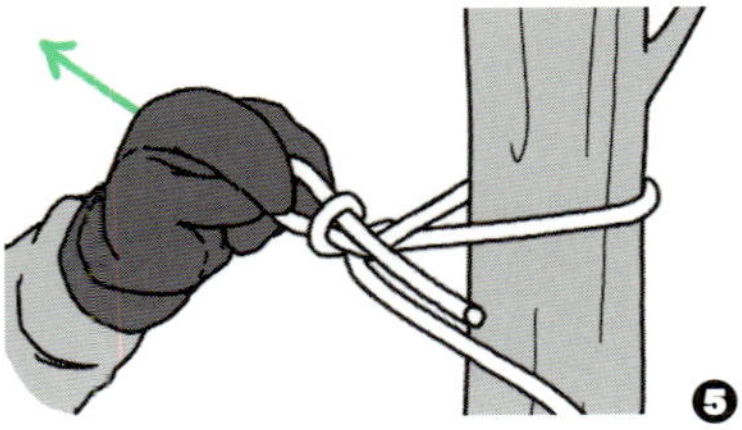

そのまま左手を引いて、左手に巻きつけていた輪の中に❹でつまんだロープを通し、少し右側に残す。

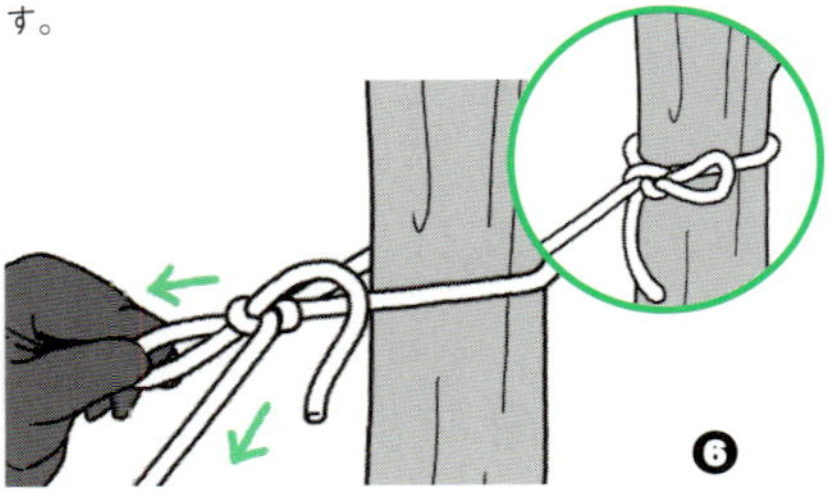

左手はそのまま、右手に持ったロープを引っ張り結び目を締めて完成。

トラッカーズ・ヒッチ

こんなときに…
・木と木の間にロープを張りたいとき

滑車の原理を使って、ロープに強い張力をもって縛りたいときに役立つ結び方。トラックの荷台などに荷物を強く縛りつけるときにも使える。

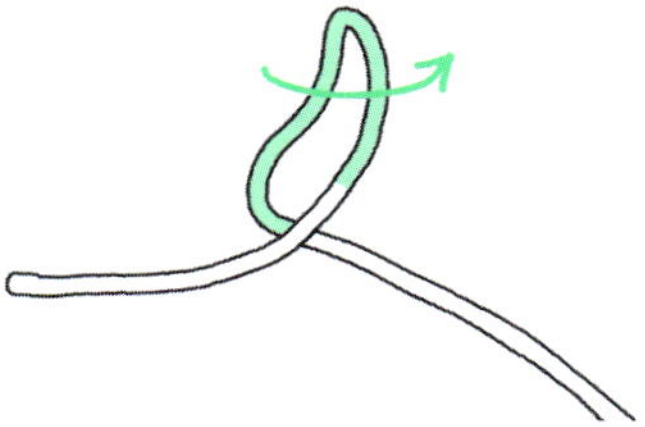

❶ 木に巻きつける分を残し、ロープの片側に輪をつくってよじる。

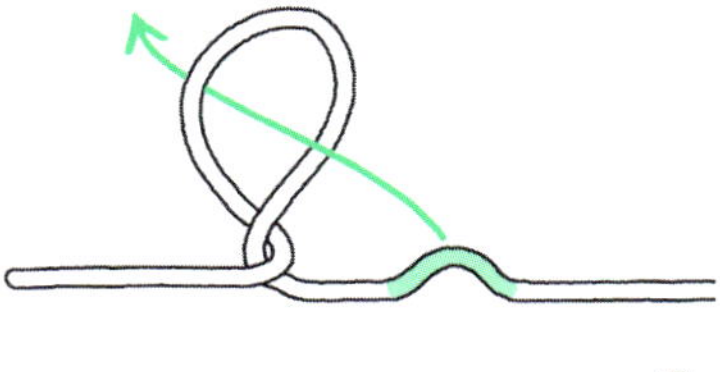

❷ ❶の右側をつまみ、❶の輪の中に通す。結び目を締めて新たな輪をつくる。

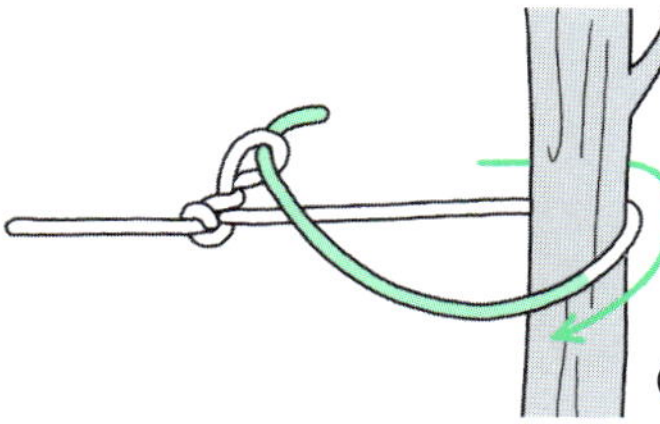

❸ ロープの先を木に回し、その先を❷の輪の中に通す。

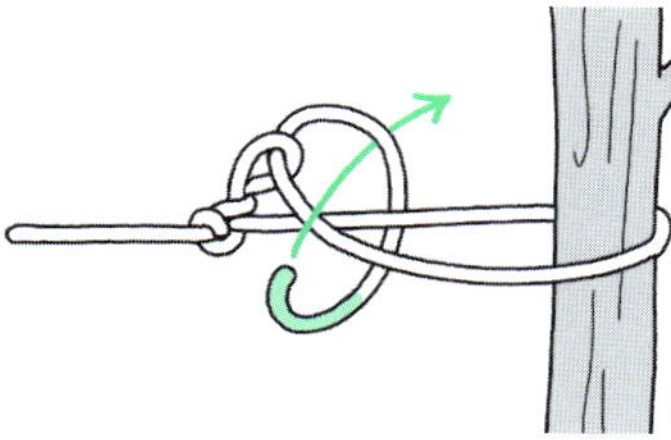

❹ ロープを強く引っ張ったまま図のように輪をつくり、ロープの端を通す。

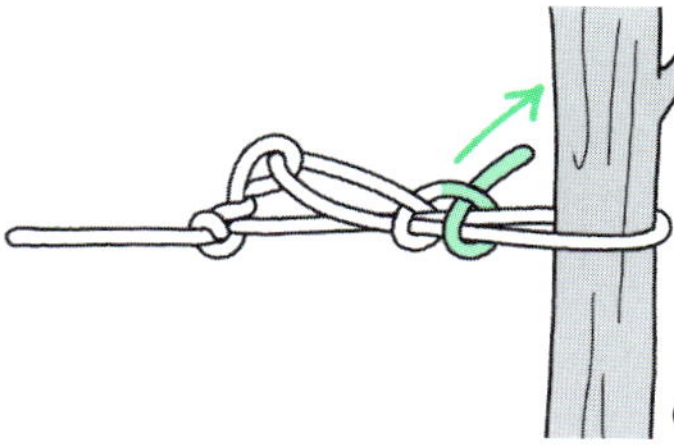

❺ ❹と同様にもう一度輪をつくってロープの端を通して結び目を締めて完成。

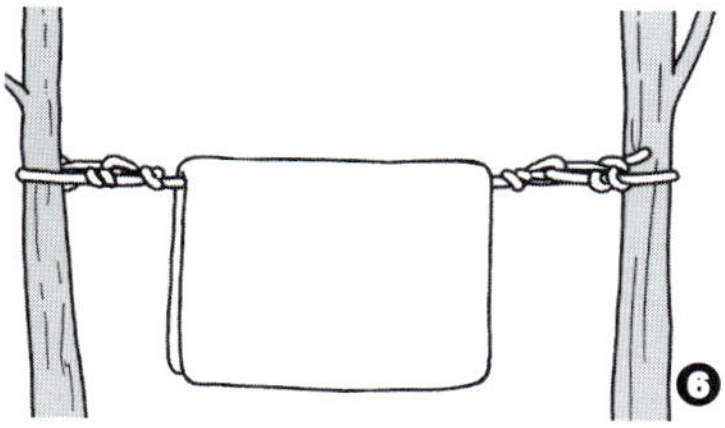

❻ ロープを張る反対側も同様に結ぶ。ピンと張って寝袋などを干す。片側は147ページのクローブ・ヒッチ＆ハーフ・ヒッチでもよい。

フィッシャーマンズ・ノット

こんなときに…

・2本のロープをつなぎたいとき

フィッシャーマンズ・ノット<応用> ▸p156

2本のロープをつなぐ結び方。ロープの長さが足りないときなどに使える。結び目をきつく締めると解けにくくなる。

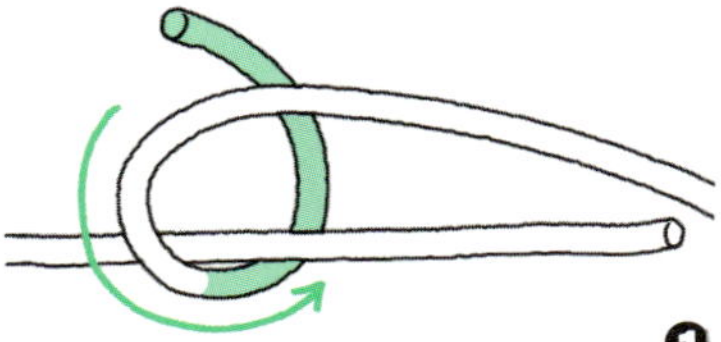

❶

ロープの端同士を持ち、右のロープを左のロープに1周巻いて輪にする。

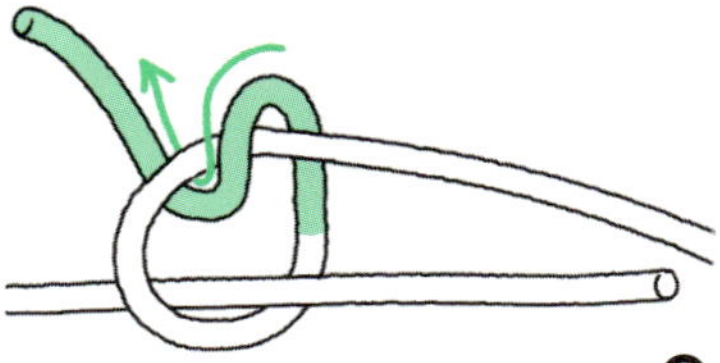

❷

右端を輪の中に通す。

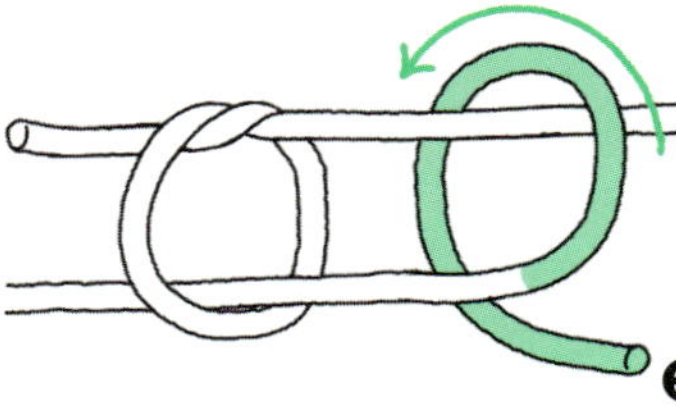

❸

同様に左のロープを右のロープに1周巻いて輪にする。

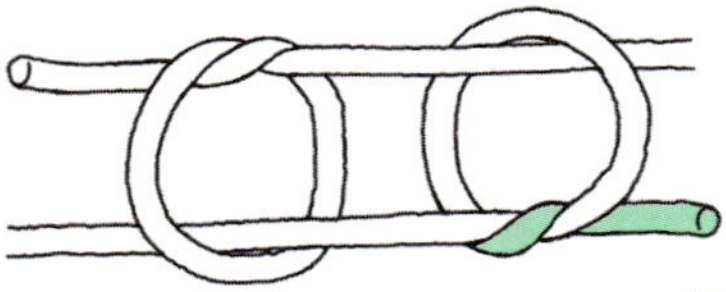

❹

左端を輪の中に通す。

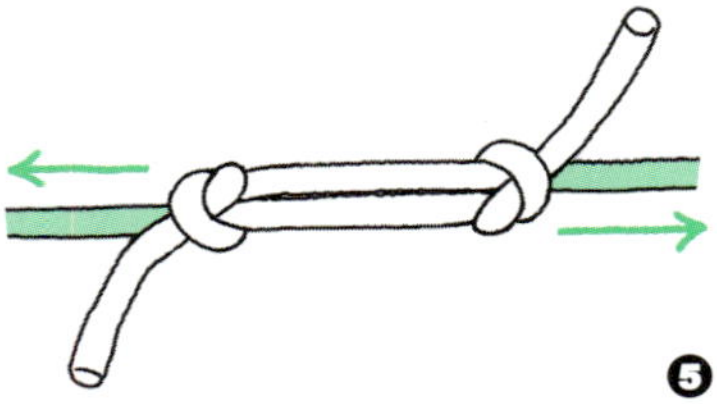

❺

ロープの左右を一緒に引っ張り、結び目を締める。

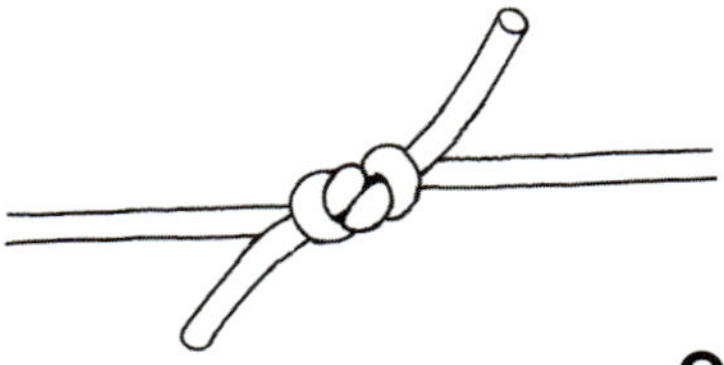

❻

結び目が図のようになれば完成。❺で締めるときに結び目がズレないように注意する。

ダブルフィッシャーマンズ・ノット

フィッシャーマンズ・ノットよりもさらに強く2本のロープをつなぐ結び方。解けにくいので、よりロープに負荷をかけるときはこちらで。

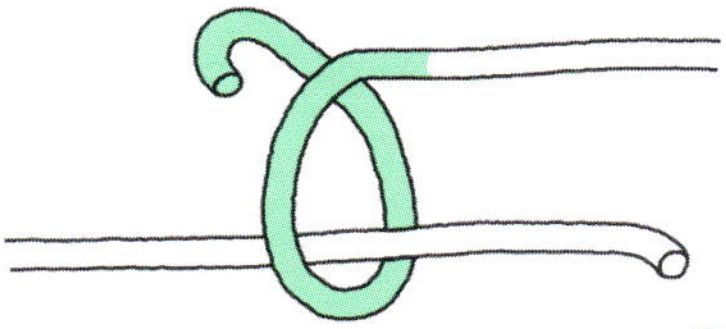

1

ロープの端同士を持ち、右のロープを左のロープに1周巻いて輪にする。

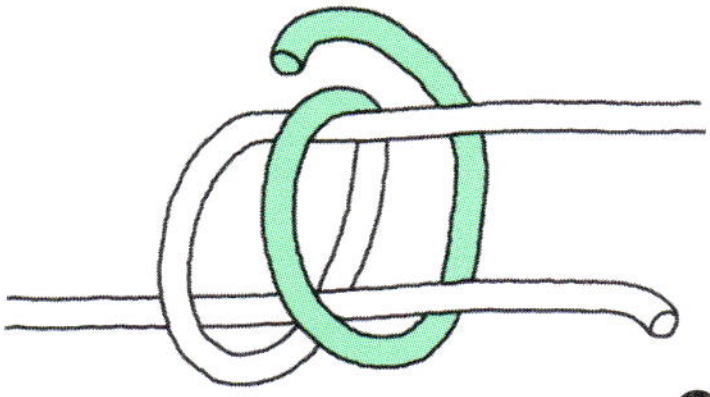

2

同様にもう1周巻いて輪をつくる。

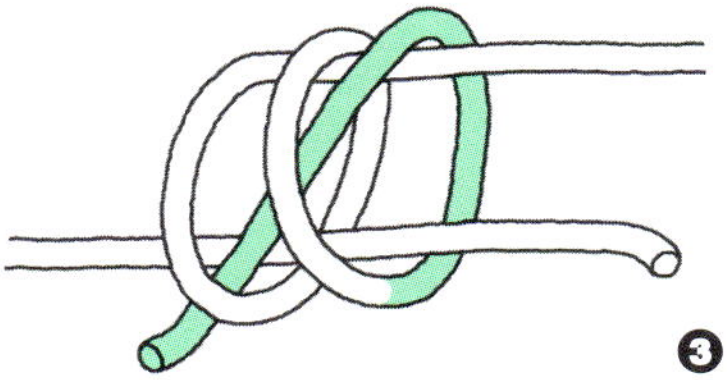

3

右端の先を2つの輪の中に通す。

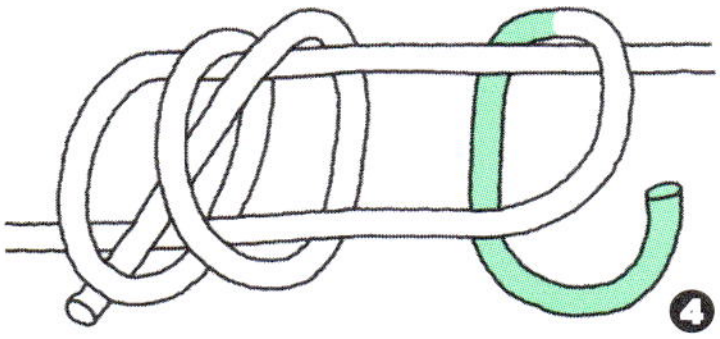

4

同様に、左端のロープを右のロープに巻いて輪にする。

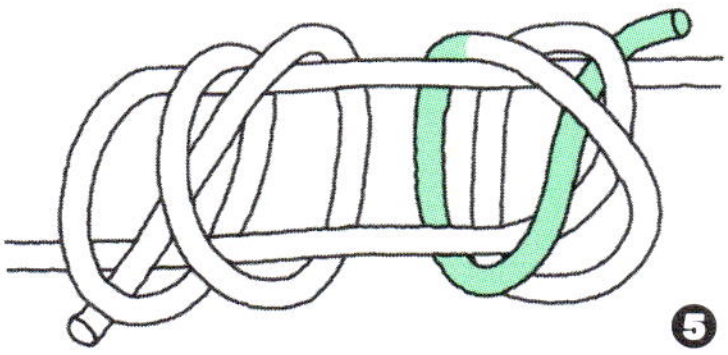

5

もう1周巻いて輪をつくり、左端の先を2つの輪の中に通す。

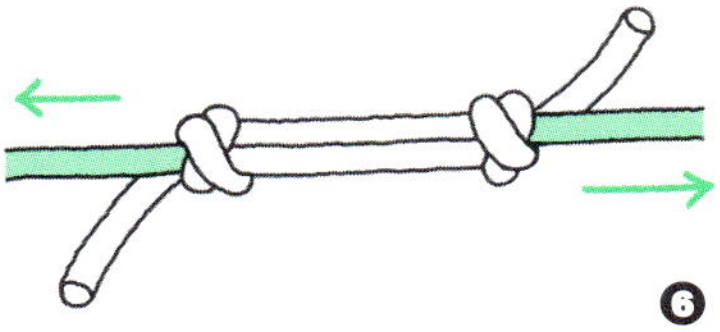

6

ロープの左右を一緒に引っ張り、結び目を締める。

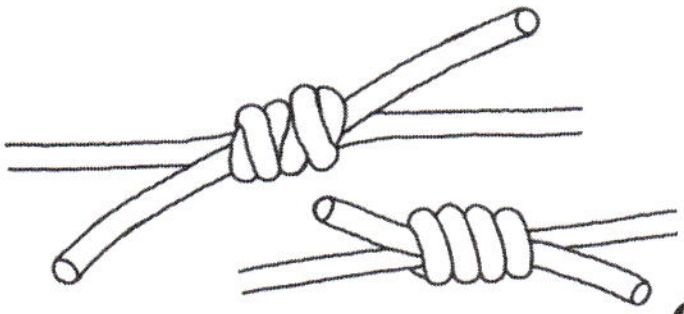

7

結び目が図のようになれば完成。裏側から見たときにキレイなコイル状になればOK。

ダブル・フィギュア・エイト・ノット

こんなときに…
・テント、タープ設営をするとき

タープ設営時、ポールやペグに引っかけるためのロープワーク。あとから輪の大きさは調節しにくいので、設営の支点として活用するのがおすすめ。

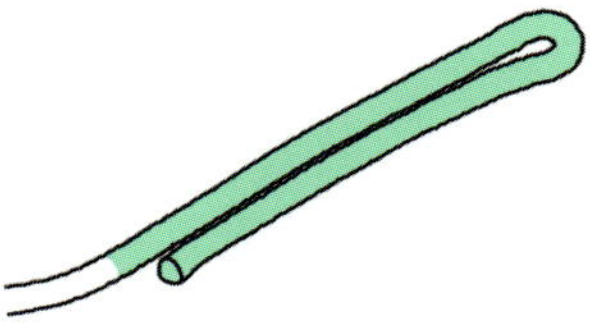

❶

ロープの先を二つ折りにする。

❷

二つ折りにした部分で輪をつくる。

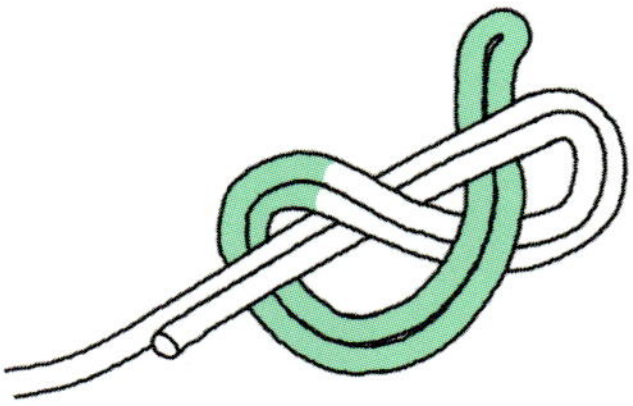

❸

二つ折りにした先を輪に通す。

❹

結び目を締める。

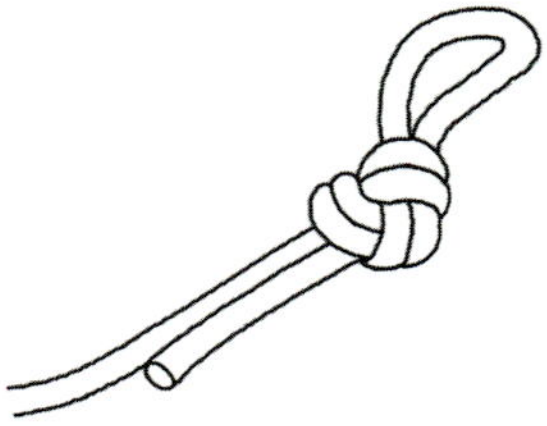

❺

結び目が固く締まれば完成。

トートライン・ヒッチ（自在結び）

ロープの張りを調整できる

こんなときに…
- テント、タープの設営時に張りを調節したいとき

テント設営などで、ロープの張りを適宜調節したいときに便利な結び方。結び目の位置を変えると緩めたり、張ったりすることができる。

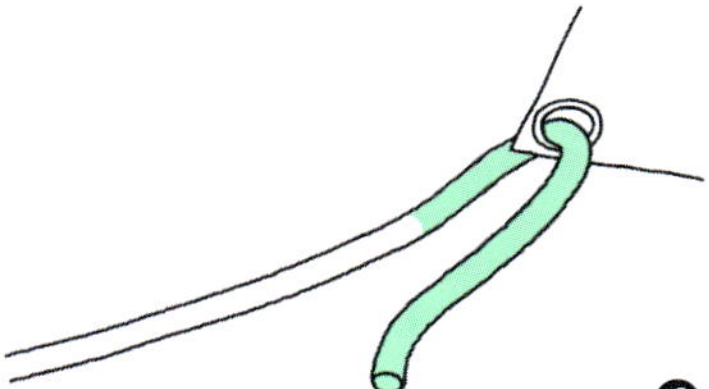

❶ ロープを渡したいところに回す。

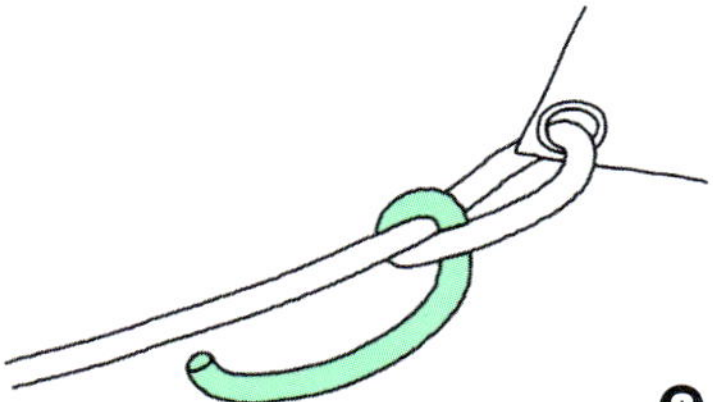

❷ ロープの端をハーフ・ヒッチで1回結ぶ。

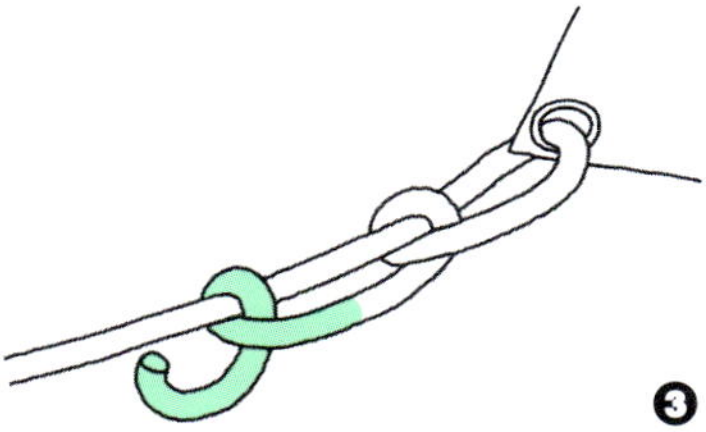

❸ 少し離した位置に、もう一度ハーフ・ヒッチで結ぶ。

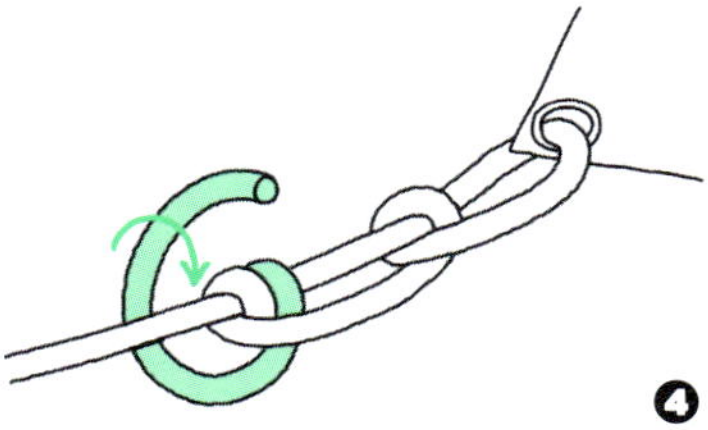

❹ ロープの端を2回目の結び目の内側に巻きつけたら、一番外側に結び目が来るようにさらにハーフ・ヒッチで結ぶ。

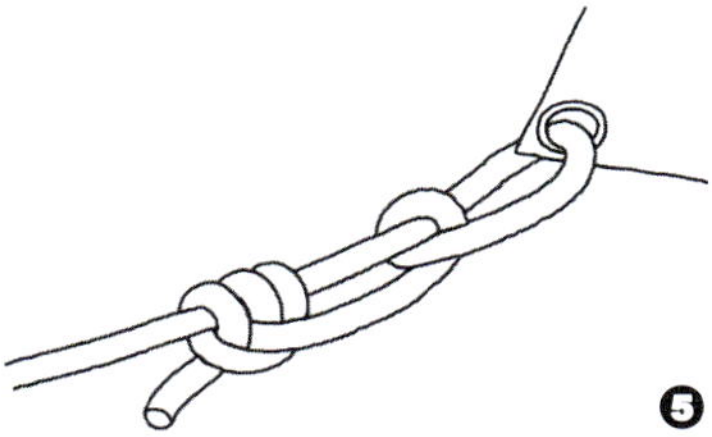

❺ 図のように結び目ができれば完成。

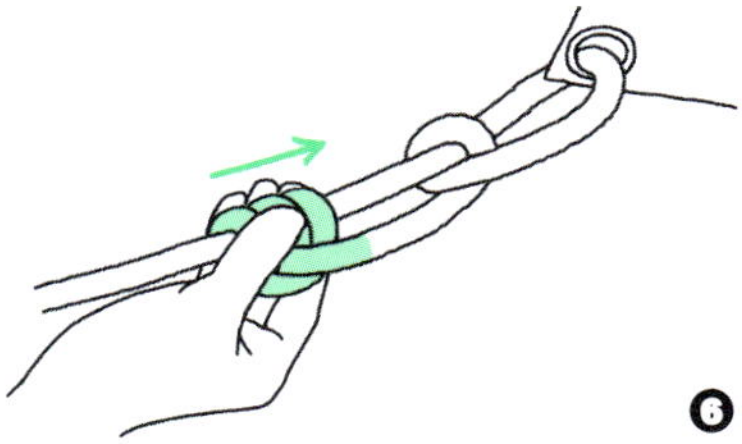

❻ 結び目を掴んでスライドさせると張りを調節できる。

蝶々結びより解けにくい

靴ひも結び

靴ひもがいつの間にか解けてしまう煩わしさがこれで解決！　トレッキング前など、しっかりと固定したいときには欠かせない結び方を紹介。

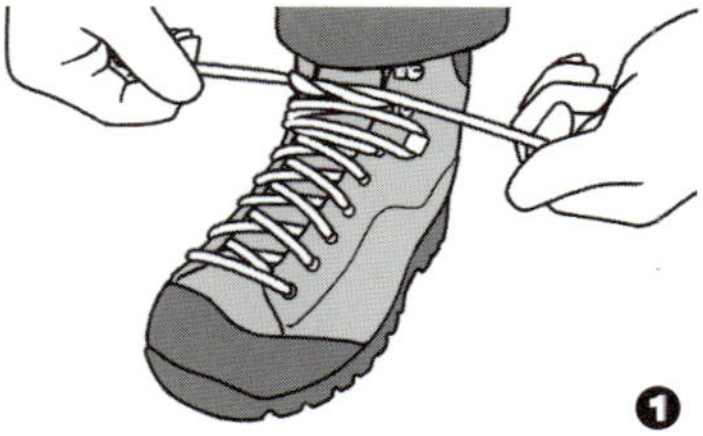

❶

普通に靴ひもを結ぶように止め結びをする。

❷

一方の端を二つ折りにして反対のひもを上から巻く。

❸

蝶々結びの要領で❷で巻いたひもを、二つ折りにしながら輪の中から引き出す。

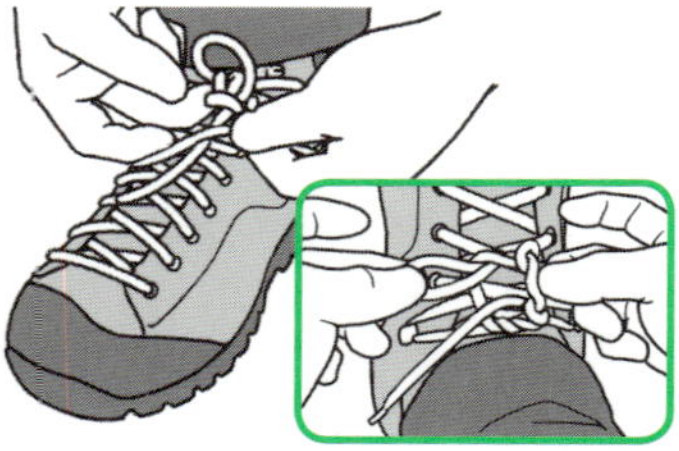

❹

❸で引き出した二つ折りの部分を反対の輪に１回巻きつける。

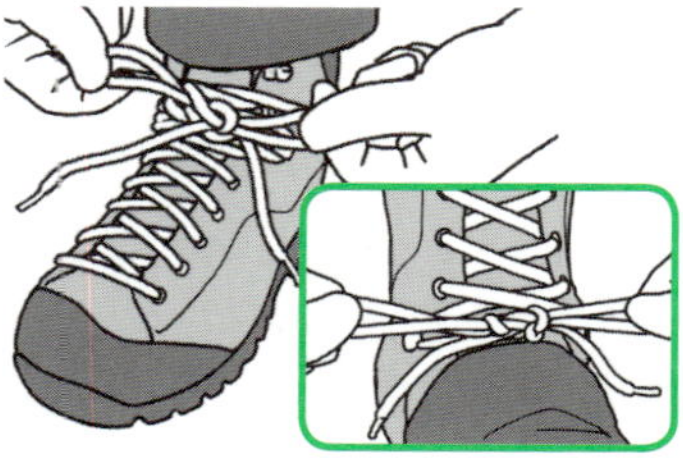

❺

左右の輪を一緒に引っ張る。

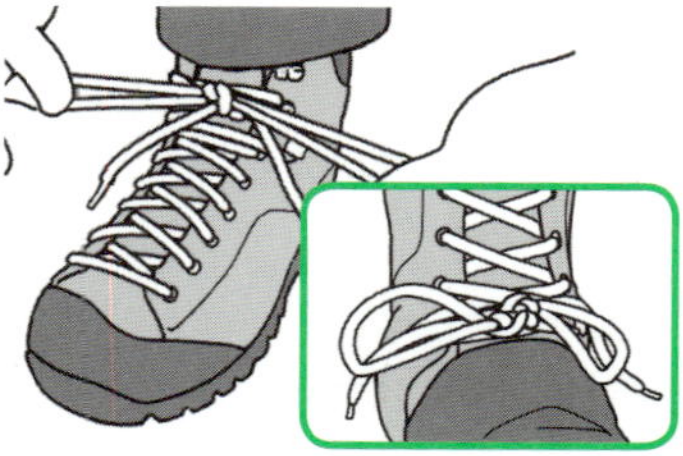

❻

ぎゅっと結び目を締めて完成。

緊急時に覚えておきたい

救助にも使える結び

万が一のとき、渡された命綱を腰に巻いて使うことができるロープワークを紹介。緊急時でも焦らずにできるよう覚えておきたい。

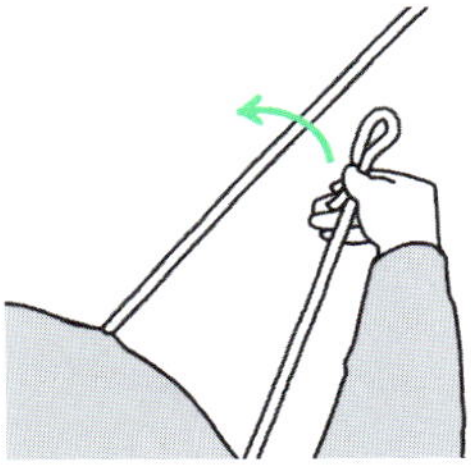

❶

腰にロープを回し右手でロープの端を二つ折りにして持ち、左側のロープの上にクロスさせる。

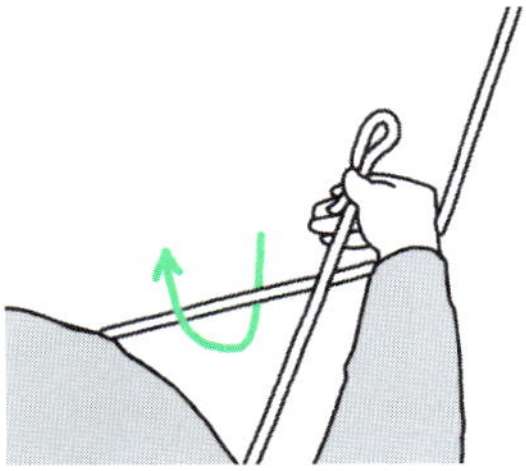

❷

お腹と❶のロープの交差位置の間にできた空間に、右手を下から入れ、ロープを巻きつけるように手首を返す。

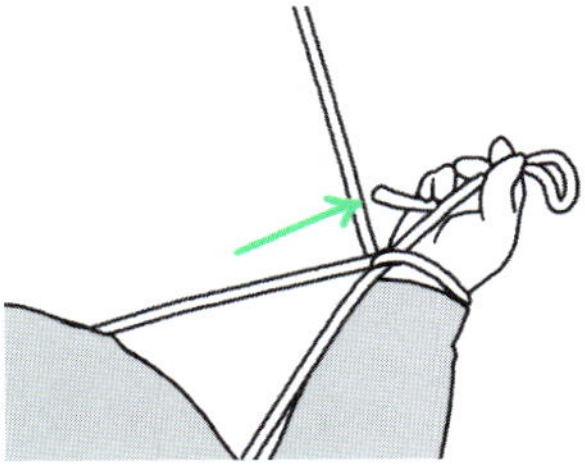

❸

右手の輪のあるロープを、もう一方のロープの上に持っていく。

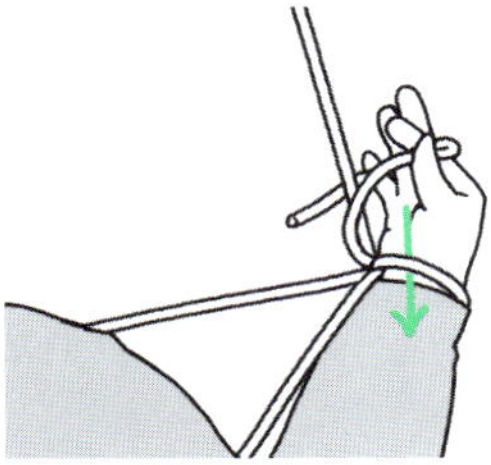

❹

右手のロープの輪を解きながら、ロープの端を右手で持って、右手首の輪の中にくぐらせる。

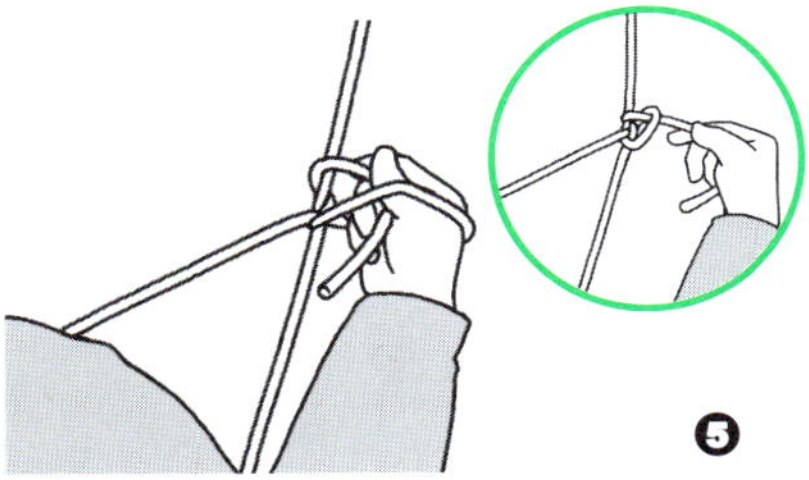

❺

右手に持ったロープを引きながら右手首の輪から手を抜く。

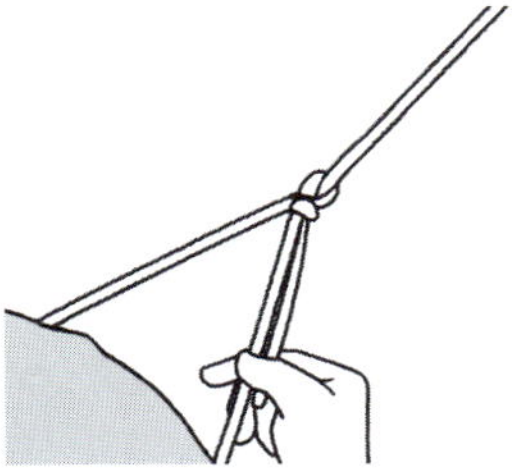

❻

結び目をしっかりと締めて完成。余ったロープの先をひと結びしておくとよい。

POINT

実際に自分を結ぶ場合は、しっかりと練習が必要。むやみにロープに全体重をかけないように注意する。

フィッシャーマンズ・ノット＜応用＞

こんなときに…
・薪や荷物の運搬をするとき

ロープを使ってできるアイディア技を紹介。薪運び以外にも、大きめのギアを運ぶときにも活用できる。

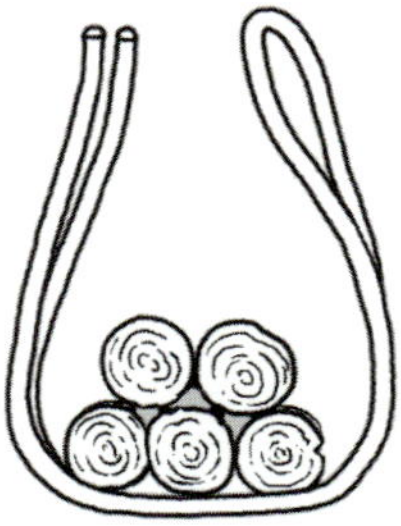

❶

ロープを二つ折りにした状態で薪をまとめられるぐらいのロープを用意する。

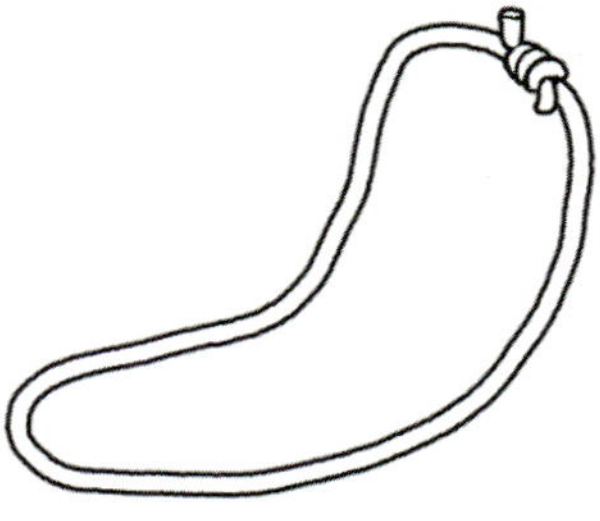

❷

ロープを150ページのフィッシャーマンズ・ノットでリング状にする。

❸

薪を❷の上に乗せ、片側の輪の中にもう片側を入れる。

❹

ロープを締め、薪との隙間がないように整えて完成。

ランタンを木に吊したいとき

クレイムハイスト・ノット

木やポールにロープをしっかりと固定したいときに使える結び方。物をぶら下げるときは重量を考えてしっかりとした設置場所を選ぶようにしよう。

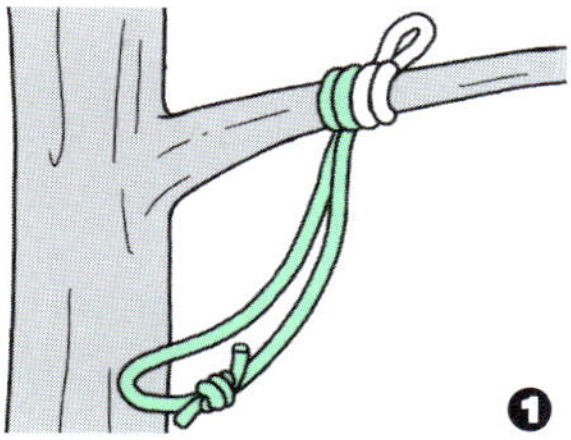

ロープを151ページのダブル・フィッシャーマンズ・ノットでリング状にする。結び目がない箇所を少し残して、結びたい場所に巻きつける。

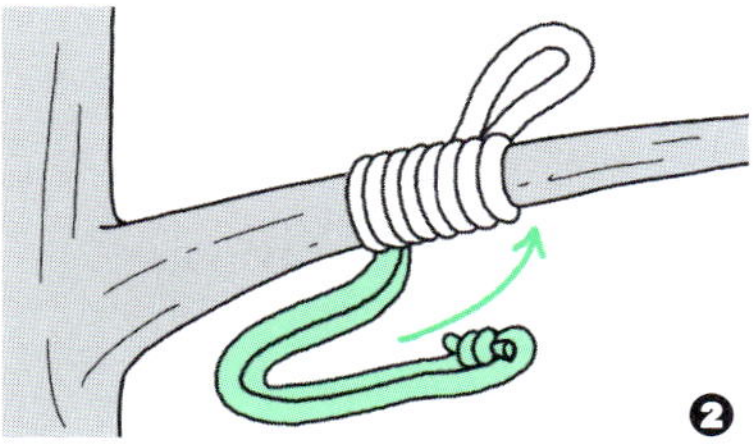

隙間なく3〜4周巻きつける。

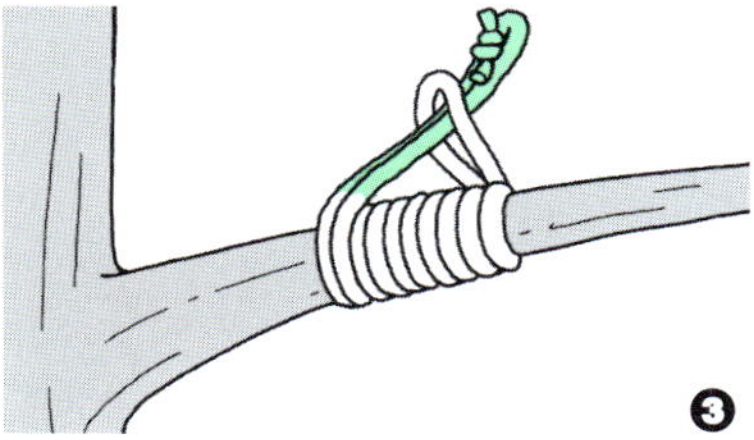

❶で残していた輪に巻きつけ終わりのロープを通して完成。

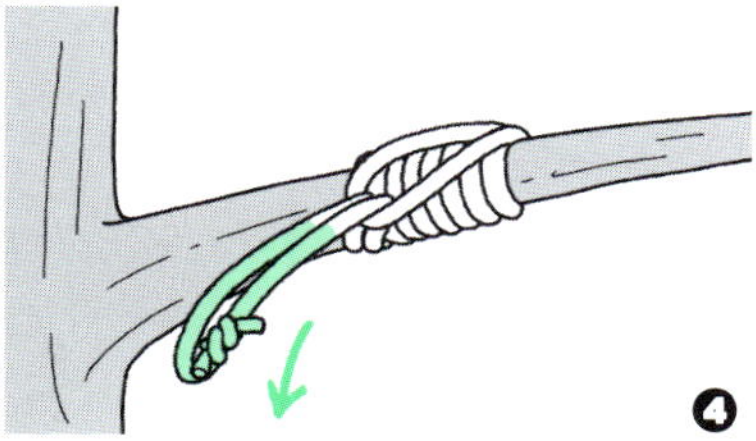

物をぶら下げるときは、❸で通したロープを図の方向に持ってきて使う。

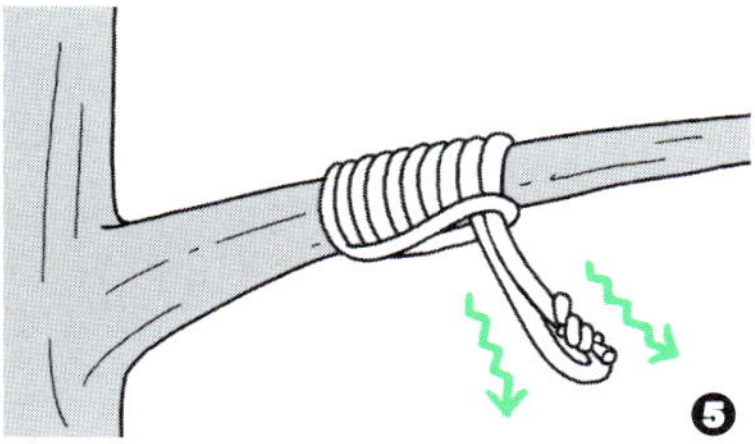

巻きの方向を間違えると結び目が固定されずにズレてしまうので注意。

カラビナなどを使って輪にランタンを吊す。

トライポッドをつくるとき

巻き縛り

こんなときに…

- トライポッドをつくるとき
- 丸太同士を固定したいとき

自作キャンプのギアづくりにも、ロープワークは必須となる。三脚のトライポッドは、焚き火調理を快適にしてくれるアイテムなので特におすすめ。

❶

長さが同じくらいしっかりとした木を3本と、作業台にする丸太を現地で調達する。

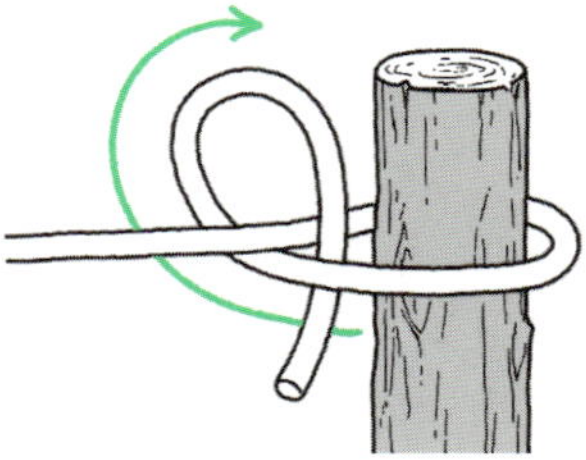

❷

1本の木にロープを回し、147ページのハーフ・ヒッチで結ぶ。

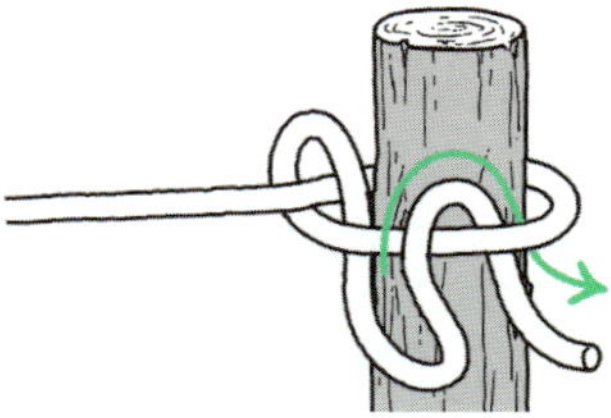

❸

ロープの端を木に回していた部分に巻きつける。

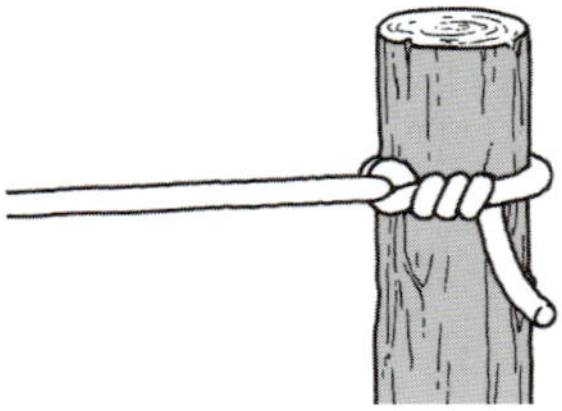

❹

3回ほど巻きつけてしっかりと締め上げる。

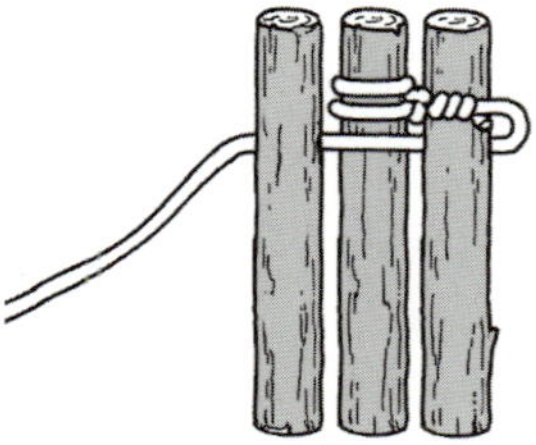

❺

❹の木を真ん中にして木を並べる。右隣の木の上からロープを回して真ん中の木の正面を通し、左隣の木の裏へロープを通す。

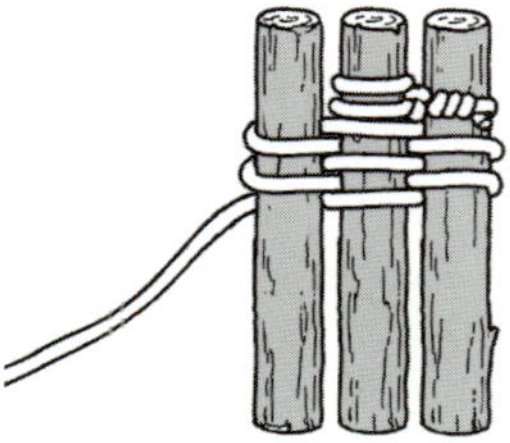

❻

今度は左隣の木の正面から真ん中の木の裏を通すように、互い違いにロープを通していく。

COLUMN
カラビナがあるとさらに便利

ロープをまとめておくのにも便利なカラビナ。クライミングにおいて、ロープで体を固定しながら登る際に必要な道具だ。キャンプでも、木と木の間に張ったロープに何か物を吊すときにも便利。かさばるロープをそのままバッグに取りつけることもできる。

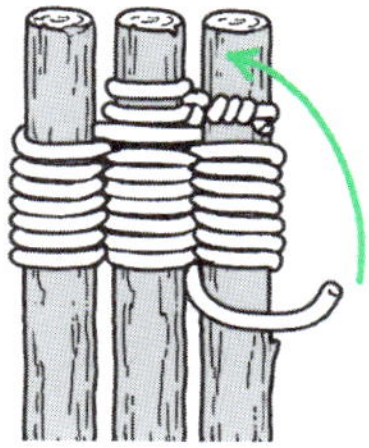

7

隙間ができないようにロープを通し、ロープの端を木と木の間に回す。

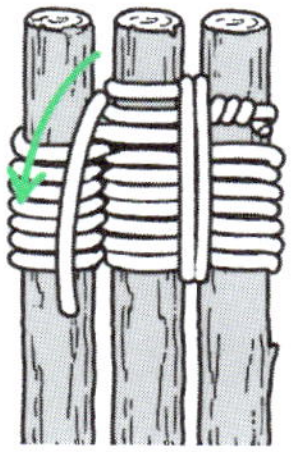

8

2回ほどロープを回したらもう一箇所にも、ロープを巻く。

9

巻き終えた木の間からロープの端を出す。

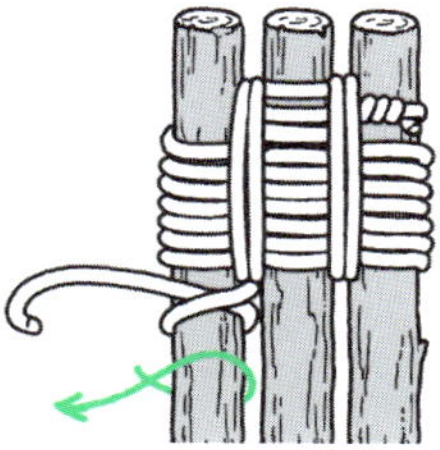

10

左端の木に147ページのクローブ・ヒッチでロープを固定する。

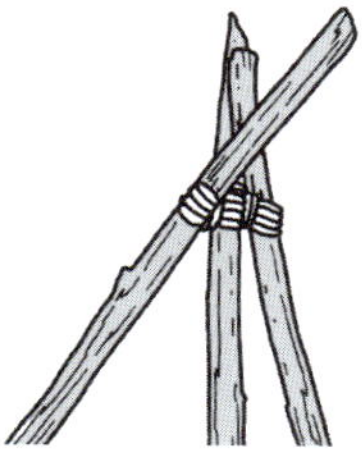

11

3本の木がクロスするように立てる。

12

三脚が安定したら完成。

ポットフックをつくるとき

外かけ結び

トライポッドとセットで使えるポットフックのつくり方を紹介。ロープをきつめに何重にも巻いて抜けないように注意しよう。

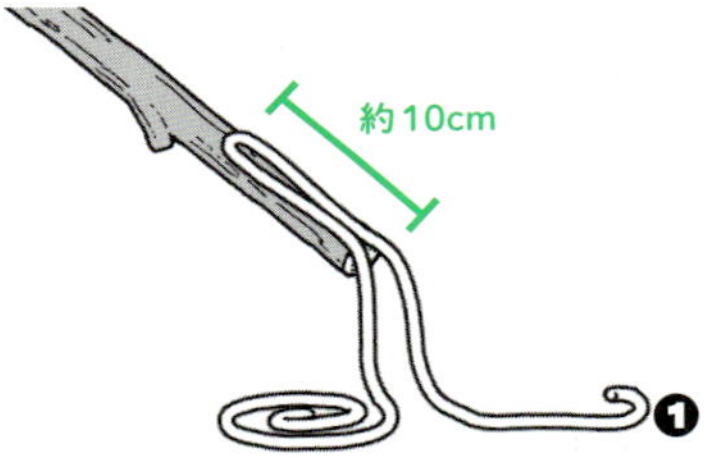

❶

鍋のハンドルが引っかけられる木を調達する。ロープの片側をトライポッドから吊す分を残し、ロープを二つ折りにして10cm程を木に合わせる。

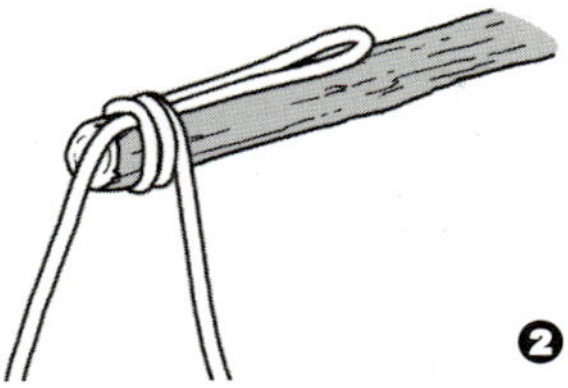

❷

二つ折りにした部分を挟むように木の端からロープを巻きつけていく。

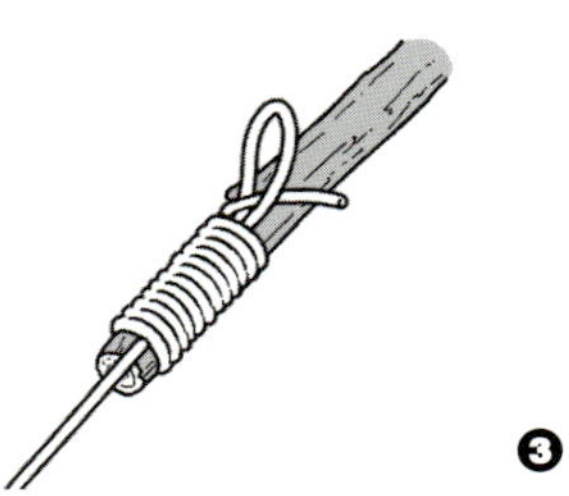

❸

10cm分程ロープを巻きつけたら、ロープの端を二つ折りの輪に通す。

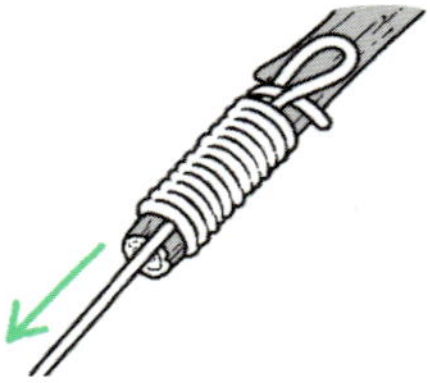

❹

❸のロープの端を押さえながら、巻いていなかったロープの端を引っ張る。

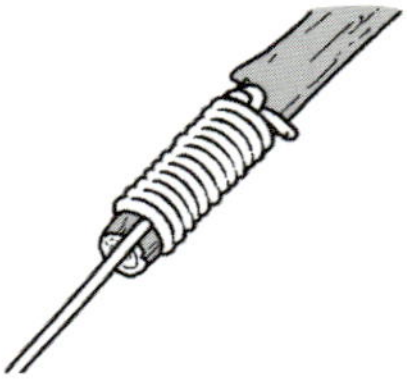

❺

❸で通した輪がキュッと締まり、引っ張っていたロープが固定されたら完成。

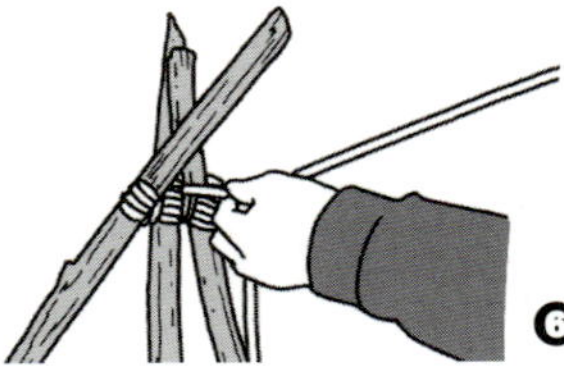

❻

❺で引っ張っていたロープを159ページで完成したトライポッドのロープに巻きつける。

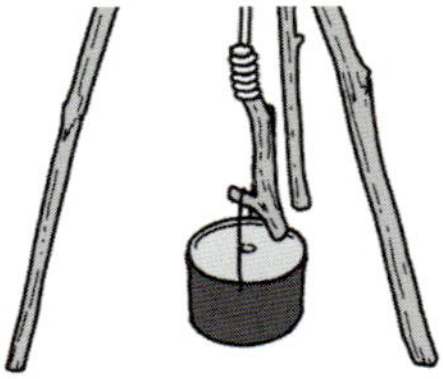

❼

焚き火の上に設置して使用する。

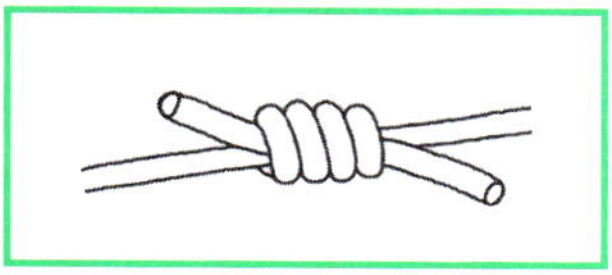

ロープが切れたとき

ロープが切れてしまったときは、150ページのフィッシャーマンズ・ノットを用いればつなぐことが可能だ。また、長さを調節したいときも153ページのトートライン・ヒッチが使えれば問題ないが、いずれの場合も自在金具があると便利。グローブをしたままでも操作できるので、非常時に備えておきたい。

COLUMN

不意のアクシデントに対処するために

野外ではさまざまなアクシデントが起こるもの。バックアップアイテムに以下を加えておくと安心だ。

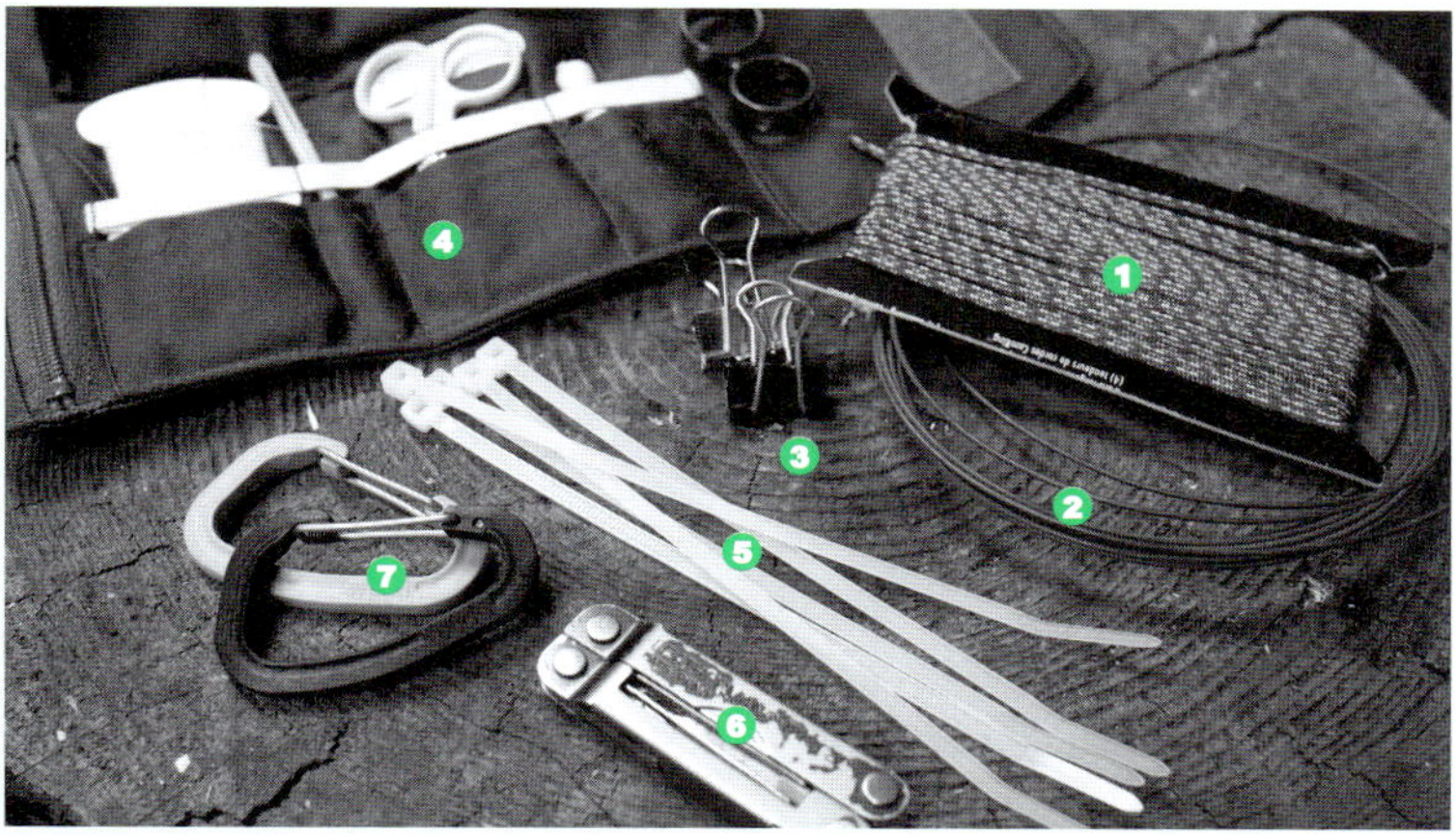

❶予備のロープ

ロープはハードに使えば切れてしまうもの。必要以上に持っておくと安心できる。

❷針金

手で曲げやすいサイズの針金を備えに持っておくと、道具の不意の故障に対処できる。

❸クリップ

開封後の袋の口を止めたり、修理時の仮止めにも役立つ。クリップは意外に重宝する。

❹裁縫セット

衣服などの破れやほつれなどを修繕。長期にわたる旅行時などには持ち歩きたい。

❺結束バンド

がっちり締め上げて固定したいときに。つなげることで長さも調節できる。

❻マルチツール

缶切りやドライバー、ペンチなど、1本でさまざまな役割を果たしてくれる。

❼カラビナ

小型で軽量なカラビナは、調理場まわりなどのちょっとした小物を下げるのに便利。

古代に学ぶ COLUMN 7 アウトドアの智恵

結ばないロープワーク

結ばないネクタイ、結ばない靴ひもという商品がある。確かに形のバランスもよく見栄えはいい。しかし「結ばない」はそのうち「結べない」となるのではないかと危惧する。

ロープワークの歴史は石器時代にさかのぼる。皮や草をつかって石と木を結びつけハンマーをつくり、矢じりを結んで矢を生み出し、猟や罠の精度が抜群に向上した。網を編んで漁も効率化が図られ、生活は著しく向上した。古代中国などではひもにこぶを結びカレンダーとしたり、日本でも水引などに伝統的な結びが多く用いられる。結びは機能のみならず文化発展の象徴的なものなのだ。

指先の動きは脳に刺激を与え、細やかに使うほどに活性化される。人と結びの関係は切っても切れないものなのだ。難しいものをやさしくする、複雑なものを避ける、そんなサービスも商品も今の世の中には溢れている。それに甘んじた先にあるものはなんだろう。手間を省くということに価値づけられ慣れてしまい、手間をかけることが贅沢とまで言われる時代だ。手間とはつまり手と時間のこと。手と時間を使ってつくり出したものはいつの時代も尊く美しい。多くの人が苦手とするロープワーク。その理由は日常に活用する機会が少ないからだろう。少ない道具で暮らしを組み立てるアウトドアでは、きっとロープワークが活躍する場面がたくさんありそうだ。積極的に指先を使って僕らの未来を結んで開いていこう。

着物の時代はさぞ結ぶ技術が磨かれたに違いないが、現代ではその必然が少ない。一日一回は何かを結びたいと心がけている。

PART 8

冒険に出かけよう

キャンプ地を拠点として、まだ見ぬフィールドに飛び出そう。まずは入念に計画を立てて装備を整える。しっかり準備しても、未踏の地では何が起こるかわからない。自然環境での危険察知能力を高め、適確に回避・対処できるようになろう。

自然を散策する

野山を駆けめぐろう

キャンプでのんびり過ごすのもいいが、せっかく拠点ができたのなら、必要な装備だけを持って、軽快に大自然に飛び出してみよう。

ベースキャンプがあれば、普段は行けないところにアプローチしたり、新たなレジャーにチャレンジできる。可能性は無限大だ。

ベースキャンプができあがったら、そこを拠点に必要な装備を整えて、周辺の山や谷、水辺などへ冒険に繰り出そう。キャンプ道具などの重い装備がないぶん、軽快なフットワークで尾根を登ったり、岩場を通り抜けたりできるだろう。

山岳地帯であればトレッキングや、トレイルランなどのスポーツに挑戦してもいいし、里山で自然観察などのフィールドワークに興じてもいい。河川があれば、沢歩きや渓流釣り、海辺であれば磯遊びや海釣りなどもできる。

すべてはベースキャンプからはじまるのだ。

山岳フィールドへ

プチ縦走ウォーク

尾根を登ってしまえば、見渡せる山々をつなぐ稜線を伝っていくルートも楽しい。ぐるっと回って日没までに戻ることも可能だ。事前に地図を見て、高低差が少ないルートを探そう。

山頂アタック

キャンプ地から見える一番高いところを目標に定め、山道を登っていく。私有地などに迷い込まないよう、登山道や遊歩道のあるコースがおすすめ。ちょっと登るだけでも絶景が拝めるだろう。

里山フィールドへ

山野草ハンター

山菜や野草などを探しながら、山道を探索すると、季節の彩りをより深く楽しめる。場所によっては実際に採取すると罰せられることもあるので、基本的には写真でハント。撮影場所も記録しておこう。

バードウォッチング

里山遊びの王道といえばやはりバードウォッチング。地図から、水源地や湿地など水場が近いところを探そう。鳥の種類や、生態などは事前に調べていくと、いざ見つけたときの楽しさも倍増する。

河川・海岸へ

海岸線ウォーキング

海近くにベースキャンプを設営したのなら、海岸線を伝ってぐるっと回り、磯めぐりをするのもいいだろう。折りたたみ式のカヤックなどを使用して、シートレッキングに出かけるのも楽しい。潮位には注意。

渓流フィッシング

夜明けとともに発ち、山深くの沢を登り、渓流で幻のヌシを釣り上げ、昼過ぎに戻る。1日ではたどり着けない山奥の沢でも、ベースキャンプで一泊すればアクセス可能になるだろう。

プランを考える

地図を見て、計画を練ろう

地形図から冒険プランを考える。ここでは、沢歩きルートの検討と、尾根ルートの見方を紹介する。地図は目的の異なる複数のものを揃えておくとよい。

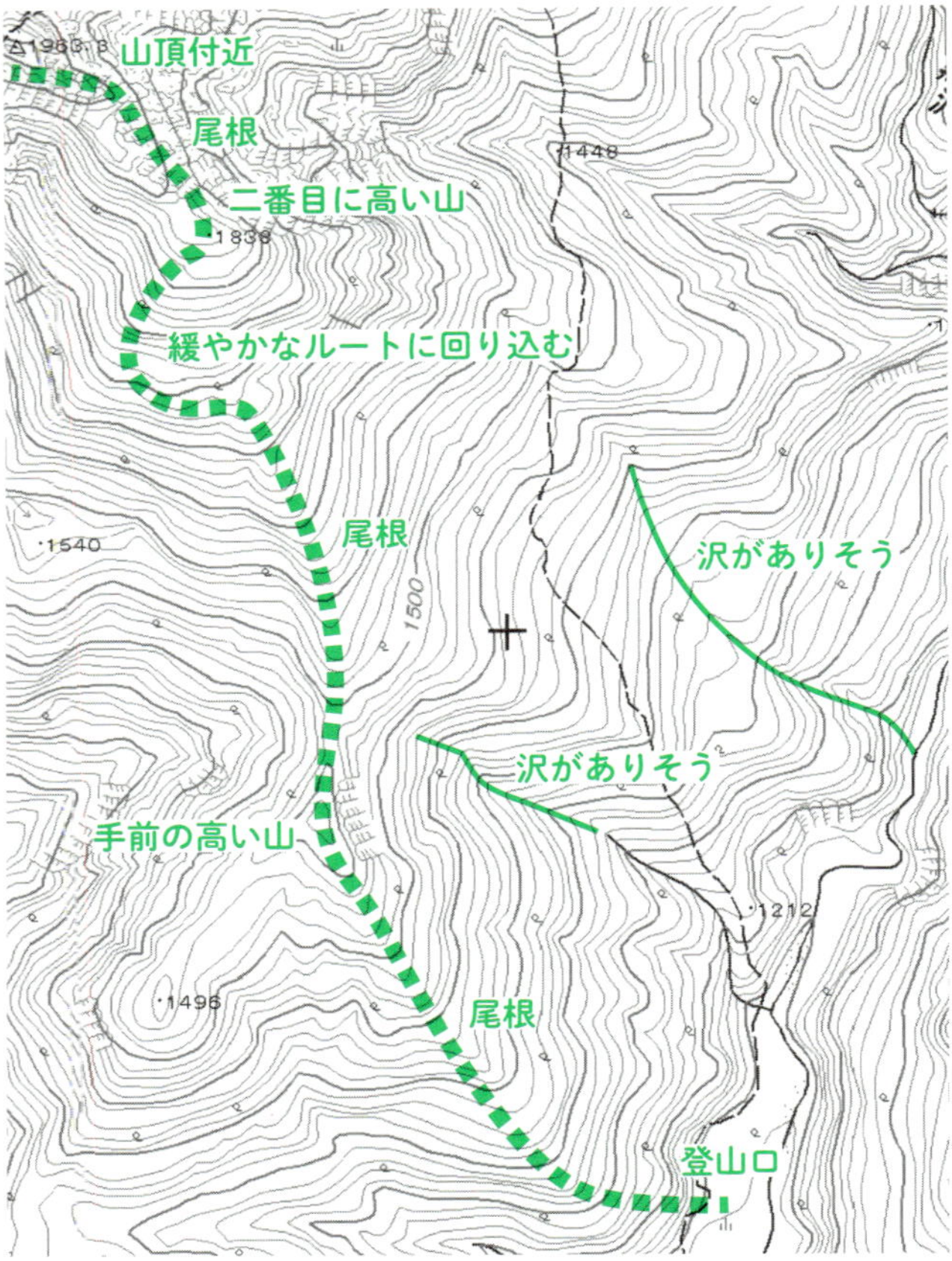

地形図の等高線から尾根と沢（谷）を判別する。高低差を読み取りながら、無理なく登れるルートを探り出して、書き入れていく。

地形図には主に等高線による地形の高い低いしか載っていないが、そこに経験と知識を合わせると、いろいろなものが見えてくる。尾根や稜線、谷間。そこには絶景スポットがあるかもしれないし、幻の滝を発見できるかもしれない。じっくり地図を見てつくったプランを元に、山奥へアプローチすれば、一般の観光マップにはない自分だけの特別な風景を見ることができるはずだ。

万が一、道に迷ったときも、地図を把握していれば、見える山の形や谷間の地形から、帰還ルートを探すこともできるだろう。

地図から冒険ルートを探し出せ

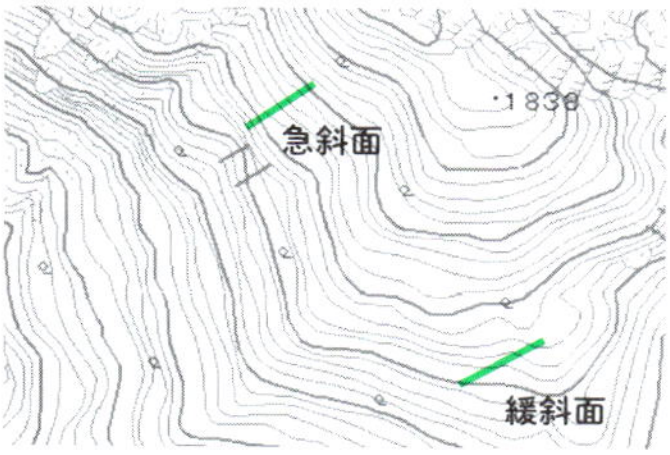

等高線から地形を読み取る

等高線は、10mごとに同じ標高の地点を結んだ線である（50mごとに太線）が、この密度が高いほどそこが急斜面であることを示している。等高線の間隔の開いたところであれば傾斜は緩やかだ。

いくつかの地図を併用

正確な地形が読み取れる国土地理院の２万5000分の１の地形図でルートを検討する。ただし、これは登山道やトイレなどは載っていないため、昭文社発行の『山と高原地図』（５万分の１）も併用したい。

幻の滝を見つけよう

沢や川があって、高低差が大きければ地図にない滝が存在する可能性がある。また、中には、雪解け時季にしか見られない滝もある。地形図をよく見て、滝のありそうな場所を探ろう。

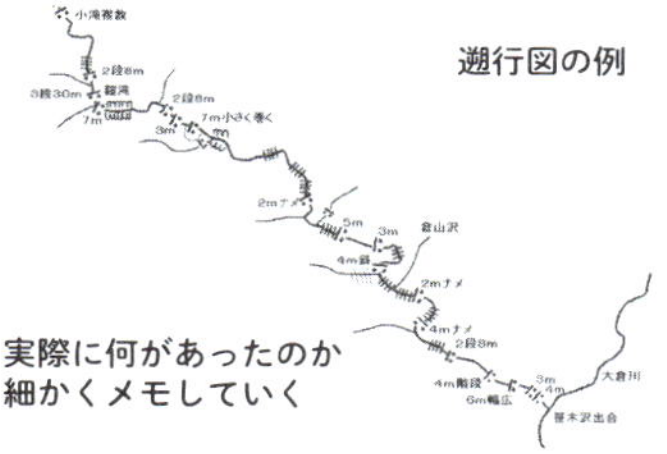

沢をつたって冒険しよう

沢歩きは秘境感たっぷりで、冒険っぽさ満点なのが魅力。しかし、沢（谷）は見通しが悪く、分岐がいくつもあって迷いやすい。地形図だけでなく、沢歩き用のルート図を併用しよう。

その他のポイント

- 国土地理院の地図はインターネットや書店で入手でき、全国をカバーしているのでどこに行くのでも地図を取り寄せることが可能だ。
- 実際にトレッキングに出る際は、休憩ごとに所要時間も記録して、折り返す時間が遅くなりすぎないように注意する。
- 地図の真上は北だが、コンパスの示す北とは約７度のズレ（西偏）があるため、あらかじめその角度の線を引いておくとよい。角度は場所により異なるが、地形図には西偏の角度が示されている。
- 尾根を歩く際は強風の影響を受けやすいため、天候の急変には細心の注意が必要。落雷も要注意だ。

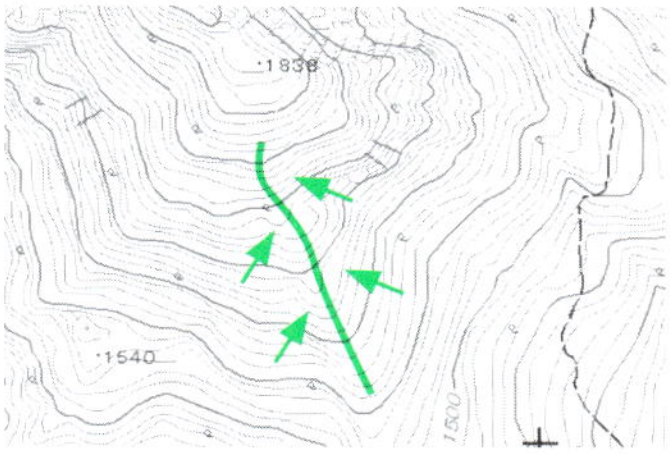

尾根へのルートも確保

尾根（稜線）づたいに歩くルートはとにかく眺めがよい。アップダウンも少なく、歩きやすい人気のルートだ。急な雨天時は沢ルートから尾根ルートに退避することもある。事前に確認しておこう。

※国土地理院の電子地形図25000を掲載

装備を整える

冒険の基本アイテムを揃える

さあ、行こう！　というときにすぐに出発できるように、基本の冒険アイテムはあらかじめセットしておこう。

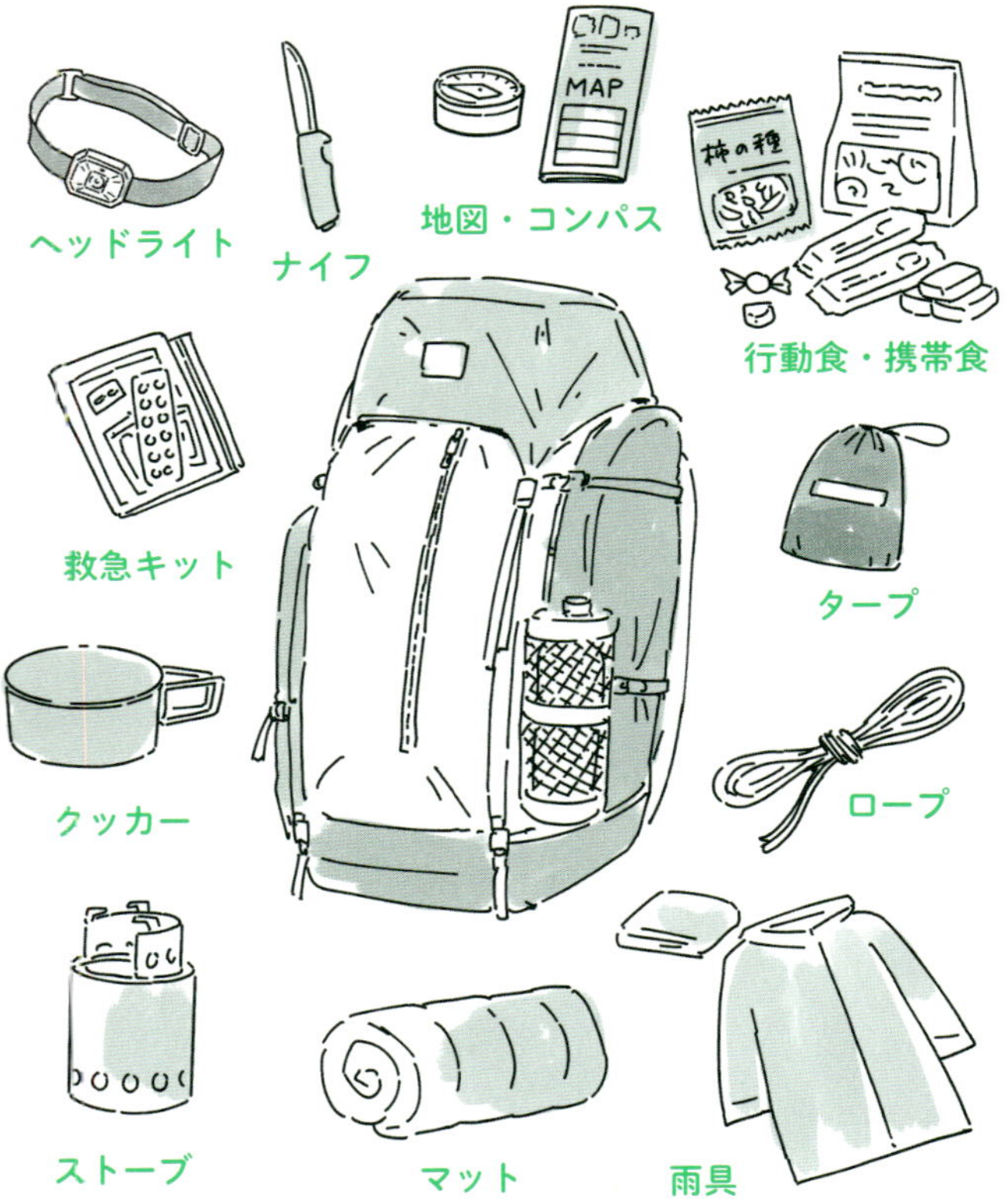

冒険の目的がなんでも、携行食とファーストエイドキットの基本のセットはバックパックに常に用意しておこう。プラスアルファのアイテムに備えて、基本キットはコンパクトにまとめておく。

冒険に出る、というときにあわてて装備を整えるのでは、絶好のチャンスを逃してしまう。出発前にあらかじめ基本の冒険セットを揃えておき、スピーディかつ確実に準備ができるように仕込んでおこう。

　どこへ行くにも必要になるのは、携行食とファーストエイドキットだ。これらは定番のセットとして、バックパックに常備しておくといいだろう。

　服装は季節によって変わるが、長袖のインナーに、アウターと防寒具で調節するのがいい。帽子は季節を問わず必須。水辺では必ずライフジャケット着用だ。

必須の基本アイテム

救急キット

絆創膏、テープ、ガーゼ、包帯、ハサミ、とげ抜き、消毒液などの外傷用と、頭痛薬(鎮痛剤)、解熱剤、下痢止め薬など内服薬をパックしておこう。夏場なら虫刺され薬、ポイズンリムーバーも入れておく。

行動食・携帯食

携帯食のポイントはカロリーの高いもの。チョコレートバーなどのコンパクトでハイカロリーなお菓子類がいい。塩分も必要になるので、塩気のあるものもラインナップに加えておこう。

冒険スタイルの例

ダウンジャケットを下に着る

山の天候は変わりやすい。雨具のほか軽量タイプのダウンジャケットを予備で持っていこう。ダウンジャケットはアウターの下に着る。空気の層を内部につくることで保温性が高まる。

水辺はライフジャケット必須

河川や海岸はもちろん、渓流や沼地をアタックする際も、ライフジャケットを装着しよう。ライフジャケットは数千円で、釣具店やスポーツ用品店で購入できる。

レイヤード＆長袖は基本

ケガ防止の観点からも、肌が露出しないように長袖・長ズボン(または登山タイツなど)が基本であるが、その時季、最も寒いときに対応できる服装、というルールに則って服装をチョイスしよう。どうしても暑ければ脱げばいいが、一番着込んだ状態で寒かったら、もう着るものがないからだ。アウターには目立つ色のものを。

山歩きの基本動作を覚えよう

山歩きはとにかく「ゆっくり」歩くこと。足首やひざ、腰に負担が少ないウォーキングを心がける。登りよりも下りに一層の注意が必要。

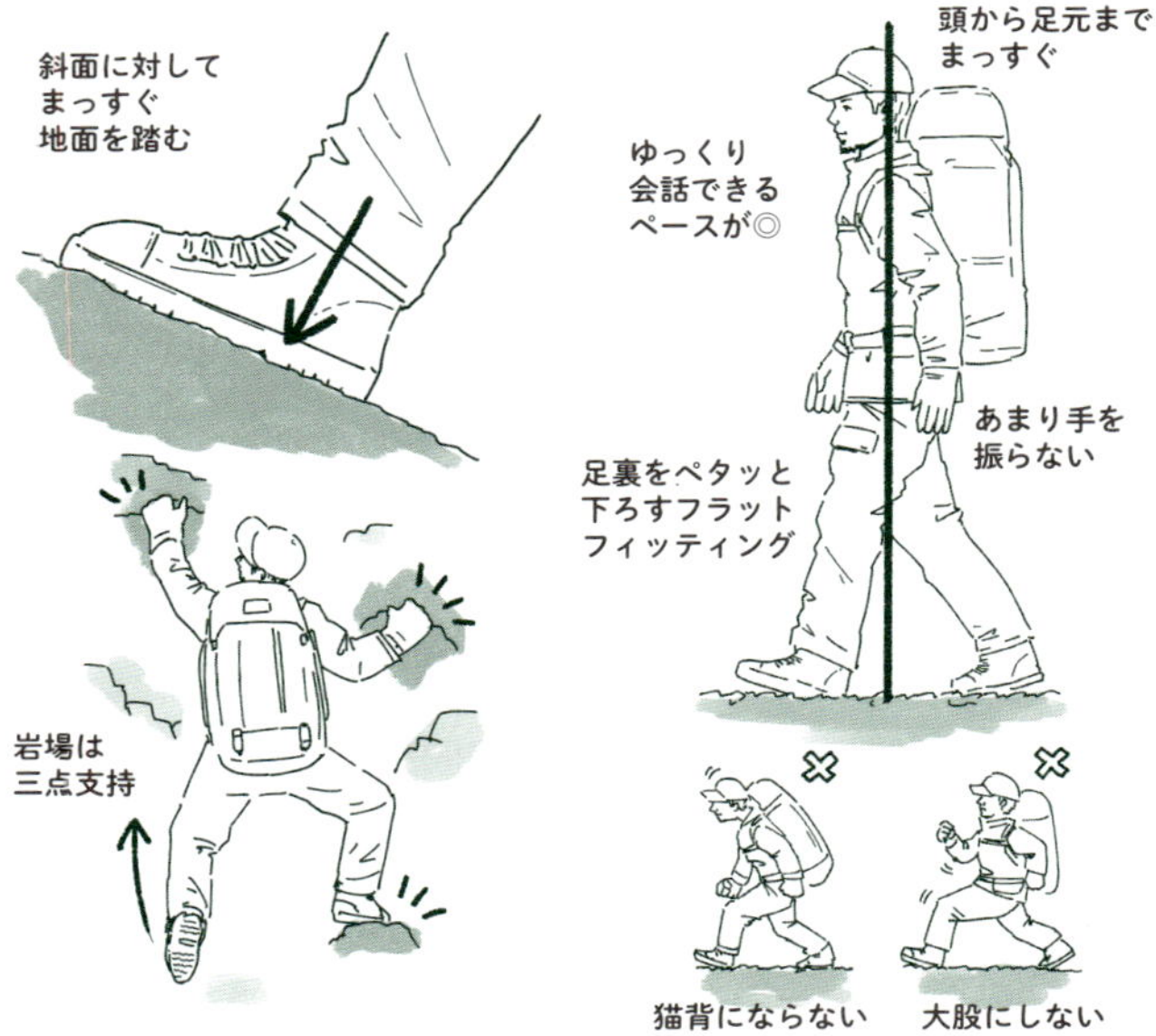

斜面を歩くときも地面に対して垂直に着地するように歩く。岩場などを登るときは、手足のうち三点をしっかり確保して、常にあとの一点だけを動かす「三点支持」を使って移動していく。

平地ではかかとから着地。登り坂では足裏全体を同時に着地させるように歩く。いずれにしても、「ゆっくり」歩くのが最も大事なコツである。特に最初の30分は意識して抑えていく。

山道のケガしやすいポイント

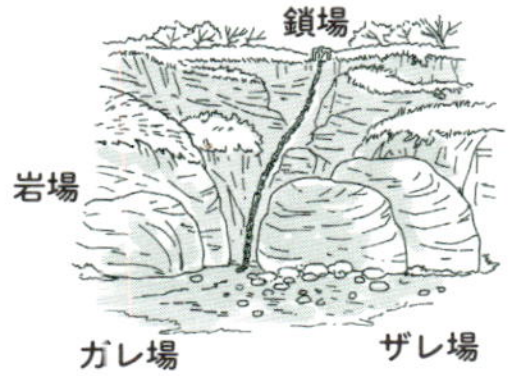

山歩きの基本は、なにごとも「ゆっくり」。登りも、下りも、ゆっくり歩くのが肝要である。普段、舗装路ばかり歩いている身からすれば、山の道はすべてが不整地であり、常に意識をしてないと、思わぬケガをしてしまう。

登りは目線が地面に向くことが多く、油断も少ないが、一転、下りになると、目線は遠くを向きがちで、少し山道に慣れて油断したころに、疲労が重なってペースがいつの間にか速まってしまうものだ。

トレッキングポールなどを使って、手足を有効に使い、無事に帰還したい。

山歩きのテクニック

小さい歩幅で

砂利などで滑りやすい上り坂では、つま先を開いた逆ハの字で歩くと、ラクに登ることができる。一気には登らず、呼吸が苦しくなったら、止まって休むようにする。

ジグザグに歩く

斜面をまっすぐ登っていくと、足首への負担が大きい。斜面を横目にジグザグに登っていくとよいだろう。足もエッジを立てるように横に使って登っていくようにする。

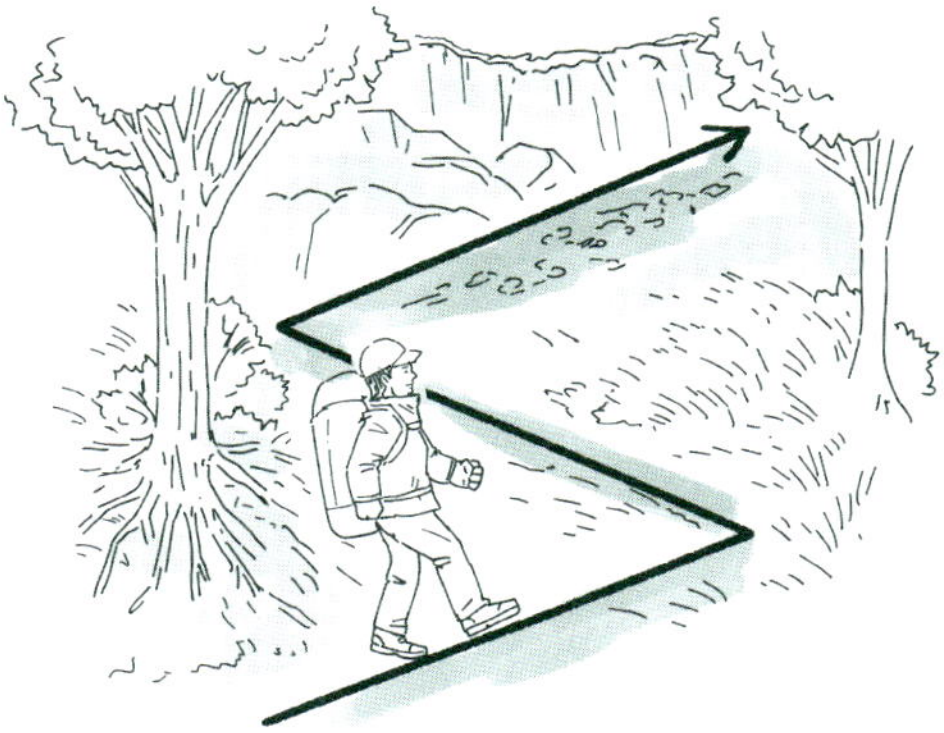

下山のテクニック

トレッキングポールを使うと、リズムが取りやすく、身体の負荷が分散する。長さが調節できるタイプであれば、登りでは短めに、下りは長めに調節して使う。

下りでは、ひざや足首に負担がかかりやすいので、登りよりさらにゆっくり歩くように意識する。かかと寄りに体重をかけるようにして、一歩一歩ゆっくり歩く。

ケガをしやすいポイント

とにかく危険なのは、浮石。踏むたびにぐらぐらと揺れる岩でバランスを崩し、足首の捻挫や、転倒してついた手首を骨折する、などのケガがよく見られる。一気に体重をかけすぎない、などの注意をして進むこと。下り時は疲労や油断もあって、特にケガをするケースが多い。また、雨上がりや雪解けで足元が滑りやすくなっているところも危険。滑って転び、打ち身や捻挫、骨折もある。木道も濡れていると滑りやすいので注意しよう。

登りと同様に、下りでもジグザグのルートをとることで、足首やひざ、腰への負担を軽減できる。スピードも抑えやすく、一定のペースで下山できる。

基本ムーブ・河川海岸編

河や沢、海岸の歩き方

沢や磯など、水辺には冒険スポットがたくさん。滑りやすく、ケガしやすいのでしっかり足場を確認しよう。水に落ちたらフローティングポジションを。

できるだけ飛び石づたいに渡る

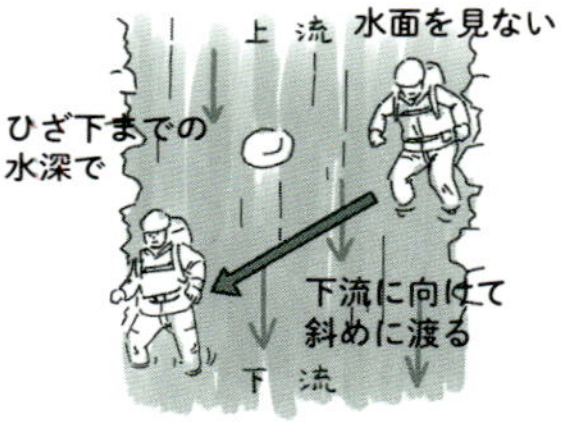
上流
水面を見ない
ひざ下までの水深で
下流に向けて斜めに渡る
下流

沢を渡るには

上流域の河原の石は雪解け時には水没しているため、表面は滑りやすくなっている。不安定なものも多いが、ぐらついても止まらずに一歩先へ進むほうがよい。

沢は苔が生えていて、岩にもヌメリがあり湿っているため滑りやすい。三点支持で確実に足場を決めながら歩く。川を渡るときは足首より深いところは、できるだけ避ける。

沢を渡りやすいところは

滝の上は危険
川の曲がりは流れが速い
まっすぐなところで渡る

水辺の要注意ポイント

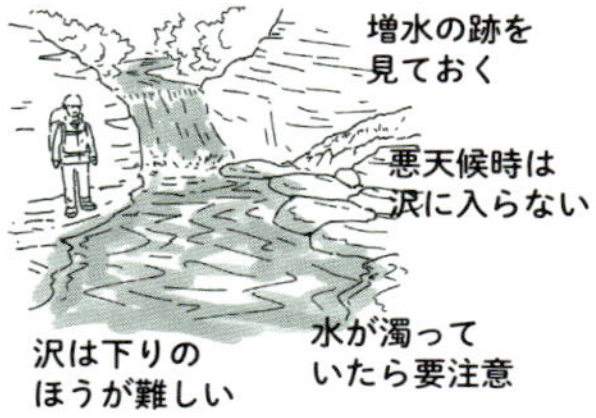
増水の跡を見ておく
悪天候時は沢に入らない
沢は下りのほうが難しい
水が濁っていたら要注意

川沿いや沢、あるいは海辺の磯場は、自然観察をするにも、探検気分を味わうにも面白いスポットだ。しかし、常に湿ったエリアであり、足元は滑りやすい。

岩場では、三点支持でゆっくりと足場を確保しながら移動するのが基本となる。不安定な石の上を歩くのは危険なので、できるだけ避けたいが、踏み込んでしまった場合は動きを止めず、一歩前に踏み出すようにするほうがよい。

また、水に落ちてしまったときは、リラックスした姿勢で体力を温存しよう。水辺で遊ぶときはライフジャケットは必須だ。

川に落ちたとき

ホワイトウォーターフローティングポジション（WWFP）

急流にはまったら、無理に流れに逆らわず、あお向けに浮いて、流れに身を任せる。浮いた状態で下流へ足を向け、状況を把握できたら、流れの緩やかなところに寄る。

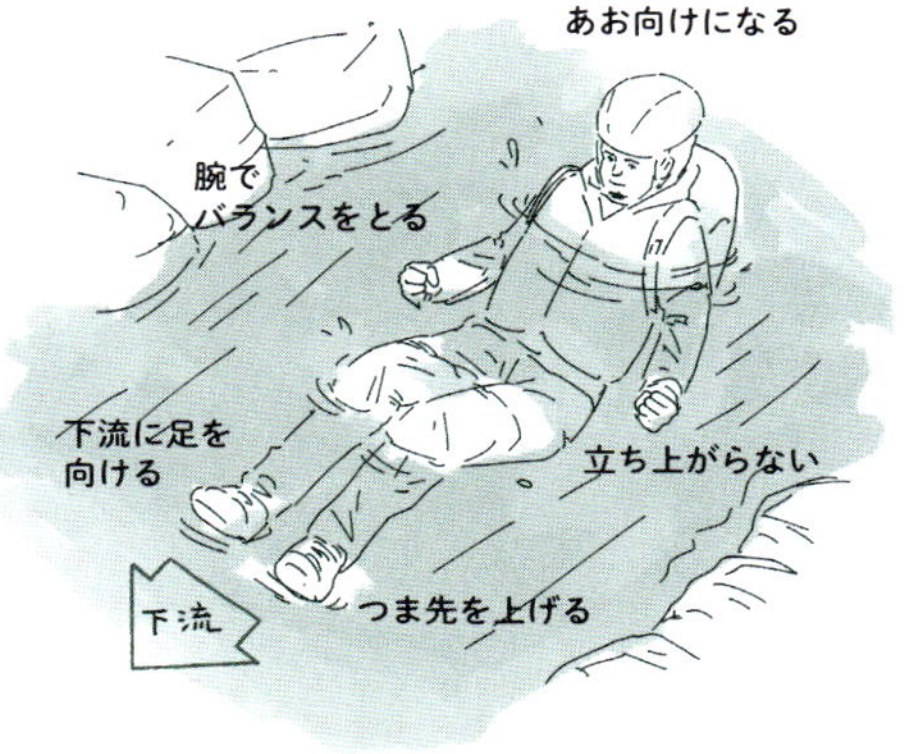

ライフジャケットがなかったら

フローティングポジション

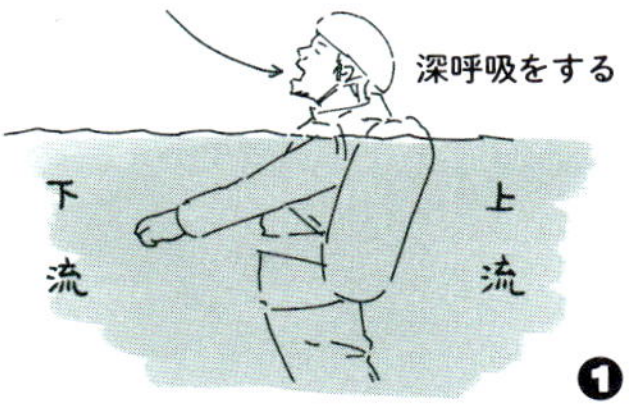

ライフジャケットがなくても、人の身体は肺に十分な空気が入っている状態であれば水に浮くことができる。まずは立つように浮かんで大きく深呼吸をする。

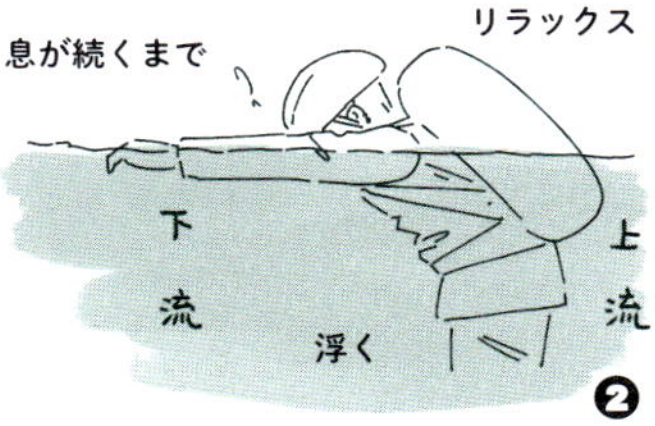

顔を水面につけ、前方へ腕を伸ばしていく。そこで動きを止めると、身体が浮いていることがわかる。

その姿勢のまま、息を止めたままリラックスして浮き続ける。体力を温存して、救助を待つか、気持ちを落ち着けたら、岸へゆっくり移動する。

水を踏みつけるようにして下に蹴り、顔を水面に上げる。息を吸い込んだら、再びフローティングポジション❸に戻る。

天候と季節

情報を集め、天候を予測する

アウトドアは天候の影響をモロに受ける環境にある。悪天候でも無事に戻って来られるように、計画には避難ルートもきちんと盛り込んで対策しよう。

天候を読むのは難しい。そして、山の天気は変わりやすい。希望的観測を元に行動計画を考えるのはたいへん危険なこと。正しい情報を収集し、余裕をもったプランニングをしよう。

いざ、トラブルに見舞われたときは、速やかに帰路に切り替えて、リカバリーができるうちに帰還しよう。

降雨や霧、雪など、視界が奪われるケースは少なくない。地図の準備はしっかりしておこう。GPSやスマホなどのアイテムも、危機管理には有効だ。

危険な天候・自然トラブル

雷鳴が聞こえたら

山岳地帯では落雷事故も多発している。雷が聞こえたら、なるべく早く山小屋などに退避する。なにもない場合は、樹木など背の高いものの脇から2m以上空けて姿勢を低くする。

落雷の対策 ▸p176

突然の豪雨

ゲリラ豪雨は山間部でも発生する。まずは山小屋などに避難するのが前提だが、ただちに下山をするべき。その際は急な増水の恐れがある沢ルートは避け、正規の登山道を通るようにしたい。

増水から退避 ▸p176

土砂崩れに警戒を

降雨のあとは、増水や土砂崩れ、落石の危険が増す。ぬかるんで滑りやすくなっているところもあるので、事前に現地の天気は押さえておき、長雨の時季や豪雨の直後は避ける。

尾根は強風に注意

霧や雷雨が発生するときには、大気が大きく動いていることが多く、強風の恐れもある。尾根など見通しのいいところを通行する際は、突風に煽られて転倒などしないよう警戒しよう。

日没でピンチ

日没時間は正確に把握しておくこと。道に迷ったり、移動に手間どるなどで計画通りに進めなかったときは、早めに切り替えて、日没に近くなる前に余裕をもってキャンプに戻ろう。

濃霧で周囲が見えない

濃霧は多くの場合、山肌を風が通るときに標高が上がり、結果空気中の水分が霧となって現れる。湿度の高い時季、風があれば霧が発生する可能性がある。霧が出てきたらすぐに引き返そう。

地震が来たら

トレッキング中に地震に遭遇する可能性はある。火山性の山であれば噴火の恐れがあるし、海辺は津波に警戒する必要がある。目的地周辺がどういう地形なのかは、しっかり把握して、避難退路を確認しておこう。

突然の降雪も

晩秋の時季など、急な冷え込みで突然の降雪もありうる。十分な装備がなければ、計画を中断してキャンプに戻ろう。冬季は吹雪で道がわからなくなる恐れがある。降雪時には遠出を控えること。

自分の身は自分で守る

冒険のルートには、急な増水や土砂崩れ、落雷、悪天候による遭難などリスクがいっぱい。危険の回避と体力の温存が、サバイバルの基本テクニックだ。

大自然の暴威に対し、人間にできることは少ない。逃げるか耐えるかどちらかでしかない。特に危険な、水の災害や落雷については、とにかく情報を多く集め、先読みをしてできるだけ遭遇しないように努めるのがベストだ。

もしも回避ができないという場合は、体力を温存し、危機が去るのをじっと待つしかない。熱中症や低血糖の対策で体力をキープし、場合によってはビバークをして危機が去るのを待つのである。

何も知らずにむやみに動き回るのが最も危険なことなのである。

増水から退避

川から離れる

数日雨が続いている時季などは、できるだけ沢や川には近づかないようにしたい。豪雨に襲われたときは、急激な増水の可能性もあるので、速やかに尾根ルートに切り替えてキャンプに帰る。

上流のダムを警戒

ダムは決壊の恐れがあるときなどに、緊急放水を行うことがある。現在地の上流にダムがあるかどうか、あれば水量はどれくらいか常時把握しておこう。サイレンが聞こえたらすぐに川から退避する。

落雷の対策

落雷しやすい場所

尾根などの見通しのよいところ、川原や水辺などは落雷の危険性が高い。もちろん海上も危険。水面に頭が出ているだけでも落雷することがあるので、できるだけ早く岸に戻ろう。

落雷を避けるために

山小屋などに退避するか、背の高い木などの脇に2m以上空けて、できるだけ姿勢を低くする。トレッキングポールなどはたたんで寝かしておく。地面に直接座らず、バックパックなどを敷くとよい。

体力の温存

熱中症対策

季節にかかわらず、トレッキングは日常よりも熱中症のリスクが高い。こまめな水分補給や、塩分の補給を怠らないように注意。最低でも2ℓは携行し、途中で給水できる計画を立てよう。

食事のペース

メインの昼食とは別に、休憩ごとの水分補給と同時に、携行食を摂取すること。エネルギーをこまめに補給することで、低血糖で急に身体が動かなくなるハンガーノックを予防できる。

土砂崩れの危険を回避

危険な場所を察知

土砂崩れが発生する場所は、先に小石がぱらぱらと落ちたり、水が染み出していることがある。そのような箇所があったら、速やかに通過するか、他に帰りの回避ルートがない場合は引き返す。

安全なルートを探す

トレッキング中に豪雨に見舞われてしまった場合は、雨足が緩むのを待って、速やかに下山する。沢ルートや傾斜のきついルートは避け、正規の登山道か、緩やかな尾根ルートを選ぶ。

遭難して野宿する場合

ビバークで危険を回避

雪山に限らず、避難目的で野宿をすることをビバークという。山林や岩陰などを利用して、身体を休める。テントなどでシェルターをつくれるとなおよい。天候の回復や夜明けを待って行動を再開する。

ヒートロスに注意

ヒートロスとは、濡れたまま外気にさらされることで体温が奪われる状態。エマージェンシーシート（緊急時に使う極薄のブランケット）にくるまり、体から体温が逃げないようにする。

危険な動植物への対処

自然の中には、動物や植物がたくさん暮らしている。そこに人間が入ると、さまざまなリスクが待ち受けている。無理をせず、回避するのが基本スタンス。

イノシシ

日本中に広く生息し、食害が深刻になるほど人里近くまで出没する。鋭い牙が危険で、突進してきたら避けるのは難しい。無関心を装って、刺激を与えずにやり過ごすのがよい。

ツキノワグマ／ヒグマ

北海道にはヒグマ、本州と四国、九州にはツキノワグマが生息している。人間を恐れるが、急に出くわすと襲ってくるので、あらかじめ熊鈴などで警戒させておこう。

毒のあるヘビ

危険なのは主にマムシとヤマカガシの２種類。沖縄などであればハブになる。人間から攻撃をしない限りむやみに襲ってはこないので、遠巻きに回避してやり過ごそう。

ニホンザル

主に山岳部の広葉樹林に生息しており、食べ物を狙って近寄ってくることもある。目を合わせる、逃げるなどで襲ってくる可能性がある。知らんぷりをしつつ距離をとる。

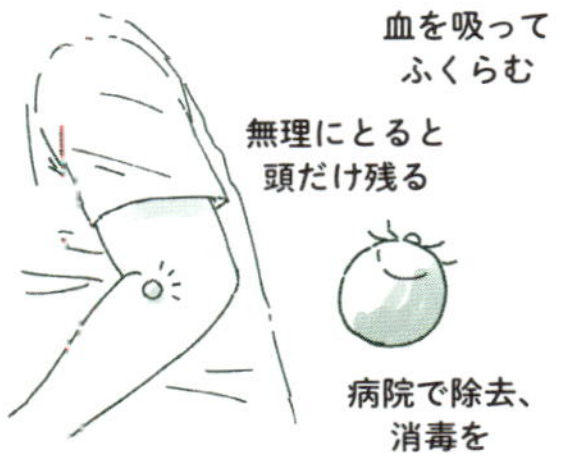

マダニ

マダニは笹ヤブや草むらに生息し、服のすき間から皮膚の柔らかいところに食いついて吸血する。無理に引き剥がすと頭部が残り、化膿や感染症の原因となる。

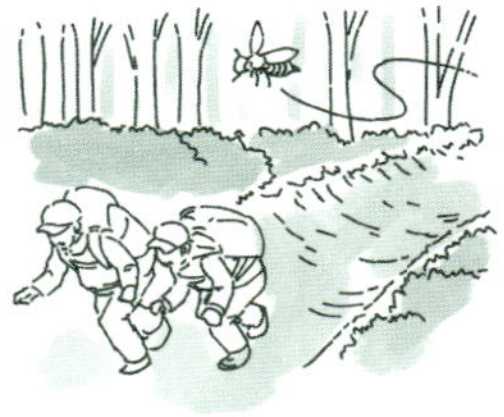

スズメバチ

毒針を持つ危険なスズメバチ。巣に近づきすぎると敵とみなされるので、スズメバチを見かけたら速やかに立ち去ろう。８～10月は攻撃的。

イラクサ

茎や葉にたくさんのトゲがあり、刺さるとかぶれたり腫れたりする。肌に刺さってしまったときは、なるべく早く洗い、たくさんの水で流してしまうのがよい。症状が改善しないときは、医師の診察を受ける。

ノイバラ

鋭くて硬いトゲが、茎から葉までびっしりと生えているノイバラ。トゲに毒はないが、不用意に掴むとケガをする恐れがある。北海道から九州まで広く分布し、草原や道端のほかに、河川敷などにも多く生えている。

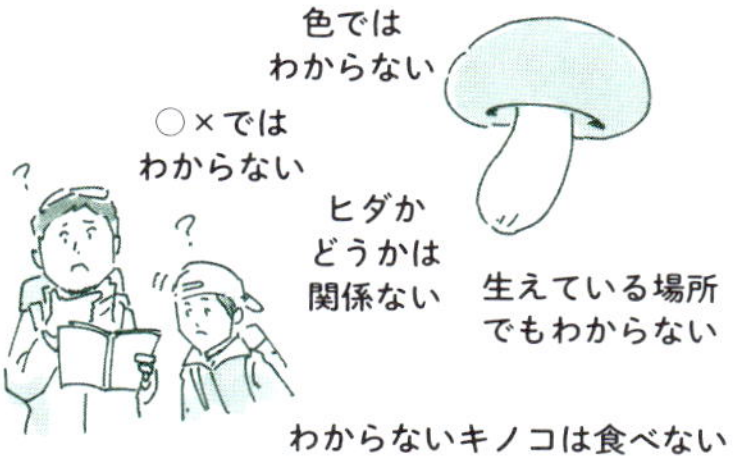

毒のあるきのこ

山中にはさまざまなきのこが生えていて、中には食べられるものもある。しかし専門家でも間違えることがあるなど、食用きのこと毒きのこの見分けは難しい。無理なチャレンジはせず、食べないほうがいい。

食べられない木の実

グミやヤマモモなど美味しく食べられる赤い実もあるが、イチイ、ピラカンサ、ヨウシュヤマゴボウなど毒性の強いものもあり、むやみに食べるのは危険。一度持ち帰って、図鑑なので調べてから試してみよう。

毒のある野草

毒草の代名詞でもあるトリカブトなどは外見でもわかりやすいものだが、ドクゼリなどは食べられるセリとそっくりであるなど、見分けがつきにくいことが多く、注意が必要。分からなければ無理に食べないのが正解。

ヤマウルシ

ヤマウルシは古来、漆塗りの材料にもされたもので、山中に多くある植物。樹液に含まれるウルシオールという成分で、触れただけで肌がかぶれることがある。葉軸が赤く、葉にギザギザがないなど見分けやすい。

応急処置を施す

安全確保と応急処置

危険は回避するのが基本だが、万が一遭遇してしまったらどうしたらよいか。緊急時はまず要救助者の状態を確認、応急処置をほどこして、救援を呼ぶ。

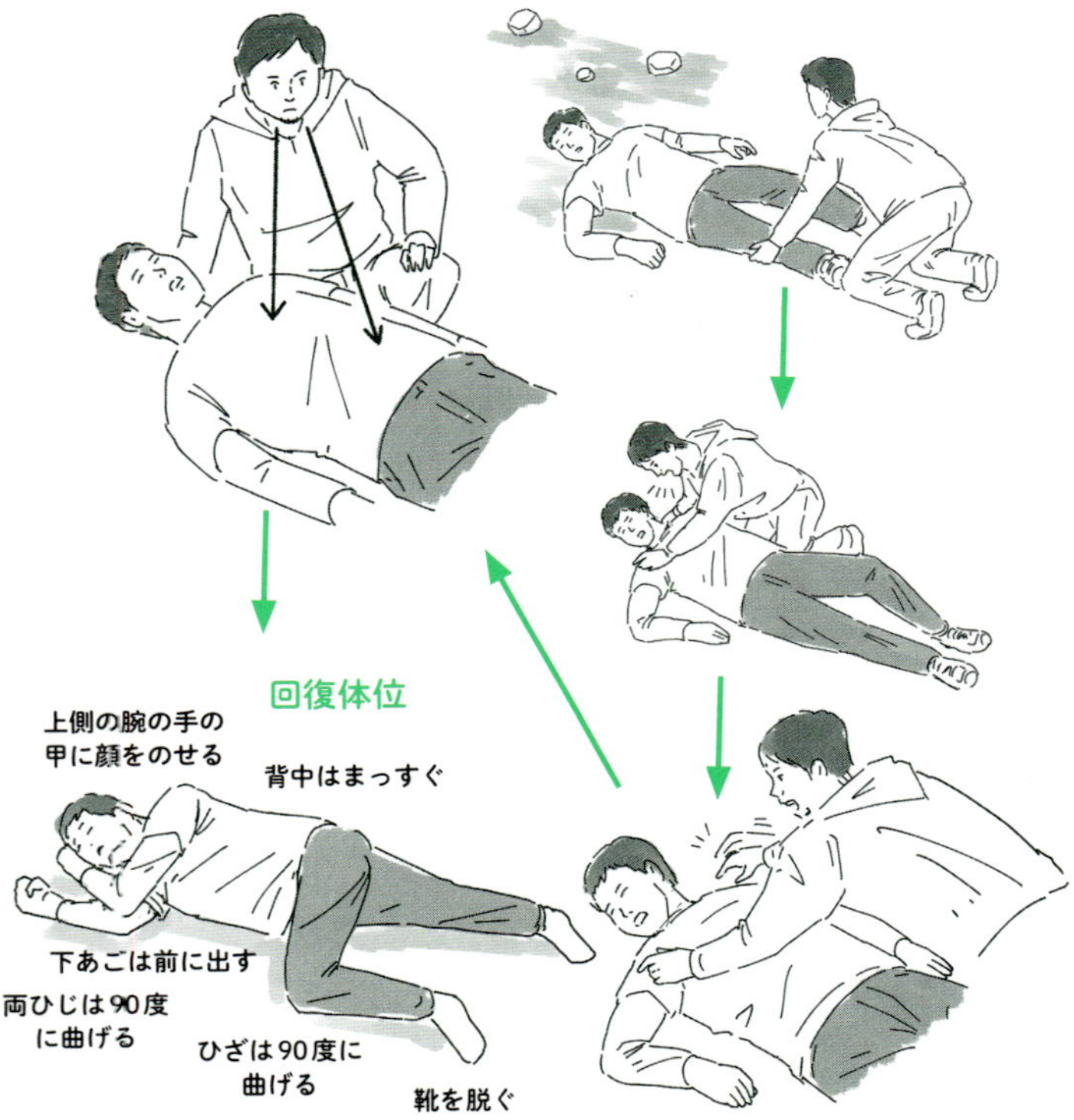

回復体位
上側の腕の手の甲に顔をのせる
背中はまっすぐ
下あごは前に出す
両ひじは90度に曲げる
ひざは90度に曲げる
靴を脱ぐ

反応があるか、呼吸があるかで対応が異なってくる。確認に手間取ると対応が難しくなる。スピーディに応急処置を進めよう。

滑落した、動物に襲われたなどで、骨折や出血を伴うケガなど重傷を負った場合は、まず要救助者の状態を確認する。

意識がある場合は、添え木をする、止血をするなど適切な応急処置をしたあとで、様子を見ながら山小屋や、人里まで移動する。

意識がない場合、特に頭部に衝撃を受けた場合は、できるだけ移動させずに応急処置を行い、その場で救助を待つ。危険な場所であれば慎重に安全な場所まで移動する。

体温の低下を避けるために、シートでくるむなどできるだけ保温をしておく。

骨折した

添え木に使えるもの

棒状、板状のものならなんでもいい。指の骨折であれば箸やボールペンなどでもいいだろう。携帯用の簡易ギプスキットや、巻くだけで固まる応急処置用のテープも売られている。

添え木の巻き方

患部の上下の関節よりも長いものをひもかテープで固定する。テーピングテープなどの粘着テープが便利。足首などはテープだけでの固定でもOK。

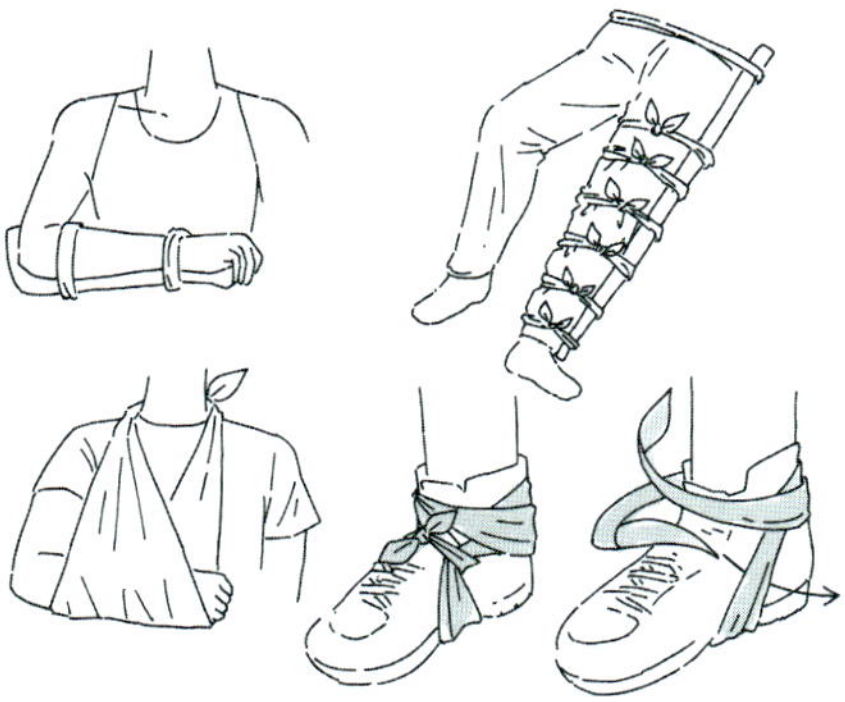

出血した

止血ポイント

まず、動脈の出血か、静脈の出血かを確かめる。傷口にガーゼや布を当て、圧迫して止血する。動脈の傷や出血が多い場合などやむを得ないときは、患部から心臓に近いところを掴んで止血する。

止血の注意点

患部は飲用水で洗い流す。水道があるところに行ければ流水でよく洗う。病院に着くまで、腕など可能なら、なるべく患部を心臓より高く上げておく。

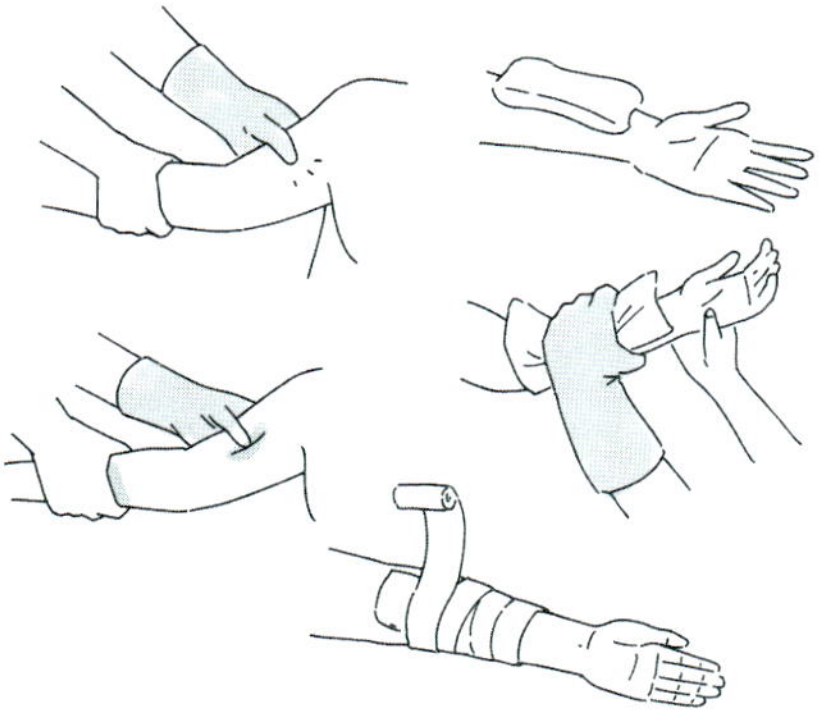

安全確保して救助を呼ぶ

救助の呼び方

電波が圏内であれば、スマートフォンなどで119番に知らせる。電源はソーラー型充電器などを非常用に持っておこう。圏外であれば、尾根など見通しのよいところに移動するか、ダムなど建造物のあるほうへ移動してつながる場所を探す。

緊急シグナリング

救助隊の捜索を待つ場合は、上空のヘリやドローンに向けてLEDライトなどを点滅させる。なければ鏡を使うのもよい。ホイッスルも定期的に鳴らして、徒歩の救助隊に居場所を教える。

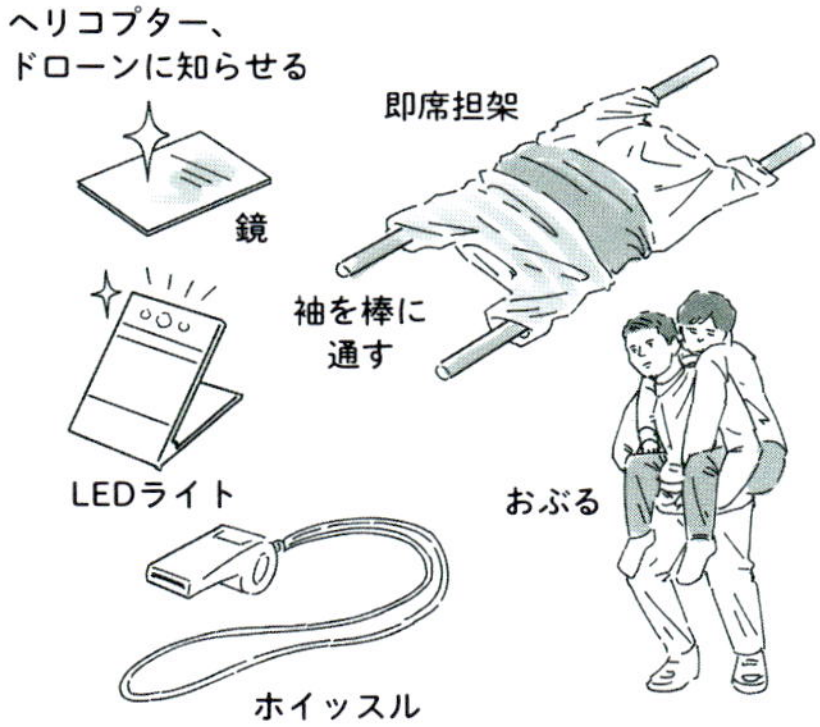

スカンジナビアアウトドアの魅力

北欧のアウトドア文化に触れたとき、長年培ってきたアウトドアの知識と経験がそれと融合したことを感じた。そしてアウトドアブームの今にこそ、必要なものが見えてきた。

アウトドアのこれから

本書でも取り上げてきたスカンジナビア（北欧）のアウトドアの魅力について考えてみよう。

僕がアウトドアの大きな影響を受けたのは１９７０～80年代のアメリカ西海岸からのムーブメントそのもの。当時はインターネットがないので雑誌からの情報がすべてだった。当時の西海岸はヒッピーカルチャーをベースに若者が中心となって、急速に成長する経済社会へのカウンター的なメッセージが多く世界に発信されていた。音楽、ファッションのみならず反戦運動といった社会への不満が爆発していた時代。若者の原動力は社会の抑圧に対するアンチパワーだったのだ。

キャンプムーブメントもそんな時代背景の中でバックパッカーをうみ、都会を離れ自然に触れ合う精神を育んだ。道具やスタイルは斬新で格好のよいものばかり、日本でも一大ブームを巻き起こした。その流れは90年代に入ると車を使ったオートキャンプへと発展していく。

一方、スカンジナビアのアウトドアは当時どんなものだったのだろう。少ない資料をひもとくと犬ぞりでのグリーンランド横断をはじめ、氷河を渡り、原野を歩く姿が目に留まる。道具や服に派手さもなければ、時代による変化も少ない。黙々と登り、粛々と歩く。そこには偉大な自然がいつも大きく構えている。それはなにかに対する反骨的な行動ではなく、厳しい自然環境のなかを代々生き抜いてきた彼らの暮らしにも結びつくようにも感じた。そして今も彼らのスタンスは変わらない。変えないことが価値なのだ。それは未来の人たちにも同じ環境を楽しめるようにと国をあげての方針で、自分たちは次世代にそのままを引き渡すことが目的となっている。

　僕はごく最近になって彼らのスタイルや背景を知った。スウェーデンから何冊ものアウトドアに関する本を取り寄せて調べるほどに、そこには昔から継承されている基本的なアウトドアのテクニックが説かれている。アップデートされることはほとんどなさそうだ。

　今これをしっかり通らずに前に進むことは許されないような気持ちになった。僕がスカンジナビアのアウトドアを通して日本のアウトドアのこれからをもう一度考えてみたいと思う大きなきっかけだ。

いつまでも地球のどこかに大自然が残っていてほしい。そして、いつの日かその場所を訪ねることが僕らの目標でもあるのだ。

森の菌がボス

　北海道の阿寒の森を歩いたときの話だ。北海道の森は背の高い針葉樹が多い。何時間も森のなかのトレイルを歩いていると倒木の多さが気になった。その倒れ方も切り倒されたものではなく、破裂したような痕が多くみられる。地元の方にきいてみたところ台風の影響だという。それ以外にもさまざまな理由で木が倒れるらしい。

　家に帰ってからそのことを調べてみたら、その現象を『森林ギャップ』と呼ぶことがわかった。

　森のなかで背の高い木が倒れることで、周囲を巻き込んでそこに大きな隙間をつくり、地表に生える幼木や菌に光が差し込む現象とのこと。木が倒れるのは世代交代のための仕組みであるということだ。倒れる原因としてあげられているのが落雷、降雪、台風といった自然現象に加えて人による伐採ともある。人の経済行為である伐採も自然循環活動の一部に含まれていることに驚いた。

つまり、我々人間は自らの意志で木を切って利益を得ているようで、実は森の菌に光を当てるために働かされているのかもしれない。

これと似たようなことを焚き火で感じたことがある。僕は焚き火カフェという近所の浜で焚き火をデリバリーするサービスをやっているのだけれど、長年続けていると相当量の薪を燃やしたことになる。主に流木を集めて燃やしているのだが、どこかの森から流れついたこれらの流木は僕に燃やされないとそのままか、また海を漂っていく。僕はそれらを仕事として燃やして灰にする。木というのは言い換えれば炭素が固形化したもので、自らがその炭素を放つことはできない。燃やされて大気に放たれた炭素は再び植物に取り込まれ、光合成を経て僕らに酸素を与えてくれる。これは植物と動物との完璧な補完の関係ともいえる。その間にあるのが燃やすという行為、焚き火だ。

自然界の新陳代謝や世代交代は僕らの知らないところでひっそり行われている。そんな場面にでくわせること、それもアウトドアの楽しみ。

僕は好きだからやっている、仕事として続けていると信じていたが、実は大いなる循環のために何者かに働かされているのではないかと思うようになった。森では菌がボスであるように、海でも海綿あたりに雇われているのだろうか。もとい、それは僕らの身体のなかにある細胞達がそうさせているのに違いない。

スウェーデンでの焚き火

スウェーデンの森で焚き火をした。ラップランド（北極圏内）にあるストーラショーファーレという国立公園の中でコーヒーのプロモーション用の動画撮影をするためだ。管理者を通じて政府に特別の許可をもらっての貴重な体験だった。夏の北極圏は夜9時を過ぎてもまるで昼間のようで、11時近くになってようやく夕方のような空模様になってきた。

撮影の相手はスウェーデン人。彼は釣りが大好きで一年の大半を自然の中で過ごしている。映像のストーリーは森でふたりが出会い、それぞれのやり方で火を熾してコーヒーを淹れて、それを互いに交換し合うというもの。

　実際に火を焚こうと腰を下ろすと、森は湿地帯で地面はしっとり湿っている。僕は日本から持ち込んだ携帯型の焚き火台を使って、乾いた小枝に着火する。スウェーデンの彼はいつもそうしているように森に落ちているシラカバの木の表面をナイフで削って火を熾す。手慣れた仕草は彼のアウトドアスキルの高さを物語っている。ふたりの熾した炎は天と地を貫くようにまっすぐに燃えあがるのだけど、映像で見直してもこんなに綺麗に燃え上がる炎を今まで見たことがない。炎の色や強さが違うのだ。燃料？　燃やし方？　おそらく人が少ない北極圏の深い森林の空気（酸素）の純度が異常に高いのだと思う。燃やされて放出された新鮮な炭素は、すぐさま周りの緑が取り込んだに違いないだろう。

　また、冬のラップランドでも焚き火をした。オーロラの下、マイナス30度の世界で火を熾すということは憧れのひとつでもあった。数日間オーロラの出現を待ったが残念ながらオーロラは現れず、せめて極寒のなかで火を熾そうと乾いた薪や機材を用意した。知人のスノーモービルに乗せられて凍った湖の上に移動した。いつものようにメタルマッチでシラカバの皮に着火するとメラメラと燃えてはいくのだけれど、どこかいつもと様子が違う。まったく暖かくならないのだ。

　熱は発しているが、周りの凍てついた大気や氷の湖に焚き火の熱はあっという間に奪われて人間にはなかなか届かない。火傷するくらいに炎に手を近づけなければ暖かくならない焚き火を初めて体験した。焚き火は土地や季節によって全然違うものだと知った。

　氷河や永久凍土の上、もちろんオーロラの下。ラップランドにはまだまだ行ってみたい場所がある。焚き火道具を携えて極地での焚き火を楽しんでみたいものだ。

極寒のなか、思わず焚き火台を抱え上げてしまった。ジャック・ロンドンの小説『火を熾す』を未読の方はぜひ読んでみてほしい。

森のようちえんとＦＩＫＡという文化

教育界で静かに注目されているのが北欧の『森のようちえん』という取り組み。小さな子どもたちは一日の数時間を森のなかで過ごす。それは雨の日や雪の日でも欠かすことはない。それによって子どもたちは豊かな情操が育まれるだけではなく、雨や雪の日の歩き方や体温調節など天候を問わず自然との接し方を身につけていく。教科書から知る食物連鎖を、実際に森で出会う動物たちに感じることで立体的な知識となる。インドアに対するアウトドアという考え方。知識と体験。そのふたつがバランスをとり、学習や体験として生きた知識や知恵となる。

また、幼少期からナイフを与えて道具として慣れ親しませる。安全な使い方やルールをしっかりと教えたら、大人はそれを見守る。実際に僕も見学をしたが、子どもたちのおぼつかない手つきに気が気じゃなかった。しかし、先生たちは平然としていた。そこには人としての信頼もあるのだろう。ナイフを与えられ一人前扱いされた子どもたちは一様に嬉しそうだった。

こんなことを幼児のうちに身につけられたら、どんな素敵な大人になるのだろう。スキルとともに自己責任の意識を育て、自然と自分の関係づけを身につける教育環境がこの国の自然享受権（Ｐ14）の背景にあるのは間違いなさそうだ。

そしてスウェーデンにはfika（フィーカ）という文化がある。コーヒーと焼き菓子で休憩するというもの。これは日本の三時のおやつの習慣にも似ている。なにか勉強や仕事で煮詰まると（煮詰まらなくても）誰かしら「フィーカタイム！」と宣言する。すると、誰もが仕事や勉強をただちに止め、コーヒーとお菓子に専念するのだ。単に休憩するだけではなく、家庭や職場のコミュニケーションを深める目的もある。

アウトドアでもしかり。トレッキング中、フィッシング中、キャンプ中……。ブレイクすることはとても大切だ。適度な休憩と気分転換をすることがよい結果につながる。僕が出会った北欧の人々は、みなこの習慣を大切にしていた。流行

スウェーデンの知人は自分のカップ（父譲り）を持ち歩いていて、フィーカになるとすかさずそれを差し出す。とても素敵な習慣だ。

やファッションに左右されない北欧の文化。こんなゆとりが、豊かなアウトドアライフを実現する秘密なのかもしれない。ここらでちょっとフィーカタイムにしませんか。

煮出し式コーヒーとの出会い

焚き火でコーヒーを淹れるのが当たり前な僕でも、煮出し式コーヒー（P106）の存在を知ったときは衝撃的だった。森の木を集めてナイフで火を熾し、湖の水をヤカンに掬い上げてお湯を沸かす。そこに挽いたコーヒー豆をそのまま小山になるほどたっぷりと入れる。そして待つ。

雲の流れ、湖面にそよぐ風、炎を見つめながらゆっくりとお湯にコーヒーが抽出されるのをひたすら待つのだ。自分が頭の中でずっと描いてきた理想の世界観が現実の動画におさめられていた。

自然界からできあがるコーヒー。一杯のコーヒーには焚き火と清らかな水が必要だという強いメッセージを感じた。それは自然と人との関係そのものでもある。

この煮出すスタイルのコーヒーは「Kokkaffe」と呼ばれ200年以上も前からラップランドの人たちに愛され続けてきた伝統的な飲み方だ。面白いのは淹れ方にこれといった決まりはなく、地域や家庭によって方法が異なるところ。自分で美味しい淹れ方を見いだすところがいい。日本の緻密で細やかなコーヒー抽出は雑味を取り除き、ピュアーな味を追求している。一方、挽いた豆ごとヤカンに入れてただできあがりを待つコーヒーは雑味も旨味も混然としているが、これが本来のものではないかと思うのだ。

そして彼らのメッセージに『Inte Sova Bara Kaffe』とある。日本語に訳すと『眠るな、コーヒーを飲め』となる。極地に暮らす彼らの夏は短く冬は長い。太陽が一日中昇らない極夜が年の大半で逆に太陽が沈まない白夜はわずかな期間しかない。その束の間の夏を眠るのを惜しむように彼らは自然を楽

最初は悪い冗談かと思うくらいにコーヒー豆を盛る。盛れば盛るほど笑顔になる。彼らから言わせればこれでもまだ少ないらしい。

しむ。濃いコーヒーを飲んで目を覚まして遊ぼう！　ということなのだ。待つというおおらかな気持ちと寸暇を惜しんで人生を楽しもうという気持ち、どちらもグッとくる。

　またあるとき彼らにヤカンにどれくらいの豆を入れたらよいかを質問した。彼らはフィーリングだと答えた。濃いコーヒーが飲みたいとき、またその逆もあるだろう。量るとそれに頼ってしまう。自分が楽しむ基準を他人に預けてしまってはいけない。自己の感覚を信じる。そしてその結果はどうあれ受け容れる。アウトドアにも人生にも通ずるすごく大切なことをこのコーヒーから教わった気がしている。

北極圏のトレイルを歩いて

スウェーデンにはクングスレーデン（王様の散歩道）と呼ばれる全長約４５０kmのロングトレイルがある。ラップランド（北極圏）に位置する、世界で最も美しいと称されるトレッキングコースだ。

　ガイドブックで知って以来、いつか訪れたいとずっと願っていた場所のひとつである。数年前の夏に幸運にもそのトレイルを歩くイベントに参加する機会を得て、その一部を実際に歩いてみた。

　緯度的に森林限界域であるのと、氷河で削られた山々はなだらかでどこまでも開けた景色は、日本では見たことがないものだ。目の前の道はずっと先まで見渡せる。

　舗装はされていないが、歩きやすい木道が整備されており、遥か遠くから吹き渡る風の冷たさに北極圏の原野を歩いてる実感がわいてくる。

　いたるところに氷河が溶けた水が流れていて、そのまま飲むことができる。キャンプ場という概念すらなく、疲れたらどこで休んでもテントを張って泊まってもよいのだが、慣れてない我々はかえってとまどったりもした。トレイルの核心部では約15kmおきに小屋があり、食料や宿泊可能なところも多い。協会に入れば外

日本では緊急時の乗り物のイメージだが、ラップランドでは日常的な交通手段のひとつ。同じ方面にいく人と相乗りするのがいい。

国人でも気軽に利用できる。北極圏ということでつい身構えてしまうが、しっかり予定を立てれば思いのほか軽装でも歩けそうだ。

トレイル上には車輌が通れる道路もないので、なにかあればヘリコプターを呼ぶことになる。歩けるところまで歩いて電話で連絡してタクシー感覚で利用するようだ。

極地はすべてにおいてスケールが違う。日が沈まない夏の期間はずっと明るいのでお腹が空けば食べて、疲れたら少し眠ってと自分のペースで一日を使えるのが新鮮だ。

道端にはブルーベリーやリンゴンベリーの実がなっていて、ビタミン補給はいつでもできる。トナカイやムースらと同じような自然からの恩恵を受けている自分たちが、滑稽にも誇らしくも思える。数日間もこの状況下にいると都市生活で身についた垢が少しずつ落ちて、人間という生き物を実感できるようになってくる。荷物を背負い大自然のなかを歩くというシンプルな行為は、現代社会の最良のリフレッシュ方法だろう。

クングスレーデンには本格的な装備に身を包んだハイカーに交じって、セーターやジーンズ、長靴といった気負わないスタイルの人もいる。彼らにとっての夏の北極圏というのは冒険ではなくちょっと長い散歩なんだろう。地球に生まれたかぎりは、楽園のようなこのトレイルに一度は行ってみることをすすめる。僕も次回はジーンズにセーターでいってみたいものだ。

魔法の言葉

僕が初めてキャンプをしたのは、もう40年以上も前で自転車旅行によるものだった。

当時はキャンプ用品と呼べるようなものはほとんどなく、ボーイスカウトをやっていた友人から借りたテント（帆布製の三角テント）と、普段家で使っていた食器や毛布なんかをバッグに詰め込み2週間ほど旅をした。今思えばそんな装備でよくできたなと思うが、あまり困ったという記憶もない。実際には困っていたのだろうが、なんとかしたんだろう。たぶんたいした問題ではなかったのだ。ちゃんと水を飲んでご飯さえ食べていればどこまでもいけると思っていた十代、僕は自転車でたくさんの旅をした。

あれから40年（笑）、僕のまわりは溢れんばかりの道具だらけでアウトドアショップが開けるのではないかと思うほど。確かに便利になったし、場所や季節や人数に合わせて道具を選択するのが普通となった。いつの間にかその道具を運ぶために車が必要になっていた。

そして2011年に起きた災害は、僕らの考え方を大きく変えた。想像を絶する自然の猛威は瞬時に家や車や町をのみこんで、昨日まで当たり前のようにあった生活はいとも簡単に失われた。そう、物はなくなることを知ったのだ。再び得てもまた次の災害でなくしてしまう、その繰り返し。足元が大きく揺らいだ。

それ以降、アウトドアの道具や知識が災害時に活かせるものではないかと活動をはじめた。アウトドアを知らない人たちに、その存在や道具の使い方を知ってもらいたい。できればアウトドアを趣味としてもらいたい。それから得た知恵や知識は生きてさえいればなくならない。子孫に継いでいけば永遠にあり続けるのだ。

高校生のとき、雪の木曽路を自転車を押して峠越えしている筆者。歩いたほうが楽だと思われるが、そういう問題ではないのだろう。

これから先も油断のできない時代は続くだろう。僕は自分の数十年のアウトドアライフや人生経験を通して『創意工夫』と『臨機応変』という言葉を得た。物を忘れたりなくしても、それを憂うのではなく、現状あるもので補うというポジティブな考え方、「ねばならない」という固定観念を捨てて、状況に合わせた柔軟な発想をもつこと。そして場合によっては諦めるという選択肢ももつ。

この世には自分でコントロールできることとできないことがある。自己の最良の道具と知識と経験に加えてこの精神をもてば、大抵の状況を乗り越えることができる。創意工夫と臨機応変はまさに魔法の言葉だ。

今、子どもたちに伝えたいこと

ここ最近、子どもたちに火熾しやナイフの扱い方などを教える機会が多くなった。それらは今ほとんどの学校や家庭で学ぶことができない。火やナイフを手にすると子どもたちは一様に目を輝かせる。世間でいう危険なものを肌で知ることで、安全に取り扱うための境界線を知る。それは単に危険なものではなく生きるうえで必須な道具であることを、誰から教わらなくとも知っているのだ。

その責任を任された喜びは大きい。それは人に成るための通過儀礼のひとつではないかと感じる。気がつけば、僕らでさえも自然の世界と離れて暮らすことに慣れてしまった。温度はボタンひとつで制御できて常に快適を保つ。手足を軽く動かすことで坂道や距離を問わず楽に移動もできる。自分の都合で天気や気温に関係なく行動ができる（と信じている）。

自らナイフを使って削った木で火を熾した子どもたち。緊張から笑顔へ。こうして得た火のことは一生彼らの心に残るだろう。

今やある程度の意図や覚悟をもって飛び込まないと、自然が実感できない日常だ。子どもたちの小さな手を見て思うのは、この指はボタンやスマホを操作するためだけにあるわけじゃない。この手をどう使うかを僕らの父母や祖父母はみな知っていた。そういう暮らしをしていたから。生活やスタイルを昔に戻そうという話ではない。これまで人類が何万年もかけて培ってきた知恵の上に僕らはいる。それを想像し思い出せばよいだけ。そう、選択肢はたくさんあるのだ。

なにかを捨ててなにかを選ぶもよし、なにも捨てずに全部選んだっていい。ただ、その選択のなかに手を使うアウトドアスキルが入ってないのはマズいと思うのだ。僕たちの世代が知ったのは便利なものは瞬時になくなるかもしれないということ。自然は生まれたときから永遠に続いていくシステムを自らが持ち合わせている。それを僕らは壊してはいけない。その営みに添って、ときにはそれを助けていかなければならない。ずっと昔の先人から受け継いできた記憶を、次の世代にバトンタッチすることが僕らの使命でもある。

アウトドアやキャンプはそれをシンプルに的確に導き出してくれる。ナイフワーク、ファイヤーワーク、ロープワークすべては手を使うことからはじまる。刺激的で普遍的で深く確かな世界。長い年月をかけて人がつくり上げてきた人間の財産。

さあ、もう一度僕たちの手の中に取り戻そう。

著　者：**寒川《さんがわ》　一《はじめ》**

1963年香川県生まれ。アウトドアライフアドバイザーとしてラジオや雑誌などのメディアで活動中。また、三浦半島を拠点に焚き火カフェなど独自のアウトドアサービスを展開。北欧のアウトドアプロダクトを数多く扱うUPI OUTDOOR PRODUCTSのアドバイザー、フェールラーベンやレンメルコーヒーアンバサダーなども務め、スカンジナビアのアウトドアカルチャーに詳しい。監修書に『新しいキャンプの教科書』。

撮　　影　見城 了
写真提供　羽田 裕明
イラスト　KOH BODY、清水 将司（gaimgraphics）、ウエイド、岡本 倫幸
デザイン　加藤 弾（gaimgraphics）
執筆協力　原田 晶文、渡辺 圭史
編　　集　渡辺 有祐（フィグインク）
校　　正　聚珍社
モデル　見城 湧、寒川 奏、Jonas Bjerke
取材協力　Saeko Nyberg、おうちえんTelacoya921、株式会社エイアンドエフ、
株式会社アンプラージュインターナショナル、ワイエスインターナショナル株式会社

参考文献

『やさしい山のお天気教室』粟澤徹（枻出版社）
『山歩きスタートブック』西野淑子（技術評論社）
『スノーキャンプ・マニュアル』スノーキャンプ推進委員会編（誠文堂新光社）
『新版中高年の山歩きおたすけブック』ブルーガイド編（実業之日本社）
『知識ゼロからのロングトレイル入門』特定非営利活動法人日本ロングトレイル協会監修（幻冬舎）
『自然は楽しい！　野外生活雑学図鑑』アウトドアライフを楽しむ会編著（大和書房）
『ブッシュクラフト—大人の野遊びマニュアル』川口拓（誠文堂新光社）
『登山者のためのファーストエイド・ブック』悳秀彦（東京新聞出版局）
『新版レスキュー・ハンドブック』藤原尚雄・羽根田治（山と溪谷社）
『遊歩大全』コリン・フレッチャー（山と溪谷社）
『ヤマケイ入門&ガイド 沢登り』手嶋亨と童人トマの風編著（山と溪谷社）
『トレッキング入門』渋谷政道監修（地球丸）
『ブッシュクラフトの教科書—究極の野外生活』デイブ・カンタベリー（パンローリング）
『Slöjda i trä』Jögge Sundqvist　(NATURE&KULTUR)

アウトドアテクニック図鑑

著　者　寒川 一
発行者　池田 士文
印刷所　日経印刷株式会社
製本所　日経印刷株式会社
発行所　株式会社池田書店
〒162-0851 東京都新宿区弁天町43番地
電話03-3267-6821（代）／振替00120-9-60072

落丁・乱丁はおとりかえいたします。

ISBN978-4-262-16274-4

19000004